おんなの民法100

Onna no Minpo

はじめに

hajimeni

「結婚を約束していた彼に裏切られた」
「買ったマンションが手抜き工事だった」
「結婚して子どもを産みたい、でも、仕事は続けたい」
おんな30歳を過ぎると、悩みもトラブルも増えるばかり
まして、最近は、どんなことも“自己責任”
自分の身を守るのは自分しかいないのだ
そこで、頼りになるのが法律である
でも、その使い方がわからない
法律を知っている者だけが得をし
知らない者は泣き寝入りする構造になっている
しかし、もうそんな世の中とはサヨナラ
本書は、日常生活にかかわる民法をケース別に
わかりやすく説明しています
いざというときすぐに役立つ必備本です

おんなの民法100 目次

第一章　男と女の民法相談

第二章　美容・健康の民法相談

第三章　インターネットの民法相談

第四章　仕事の民法相談

第五章　お買い物の民法相談

第六章　住まいの民法相談

Chapter1

第一章

男と女の民法相談

1 100

事例

つき合っている彼に別れたいと言ったら、「デート代を返せ」と言われた！　返さないとダメ？

つき合って2年になる彼がいるのですが、ほかに好きな人ができたので別れたいと告げました。すると、逆上して、今までのデート代を返せと言ってきて…。総額80万円を請求されています。確かにデート代は毎回払ってもらっていたけど、返せなんてひどい。

総額80万円というと、毎月3～4万円のデート代がかかっていたということでしょうか。あなたにほかに好きな人ができたことが悔しくて、そう言っているのだと思いますが、返す必要はありません。

デート代というのは2人で楽しんだお金です。貸したお金ではないのですから、彼に返せと請求する権利はないのです。

「結婚するつもりだったからおごったのに」とか「ずっと長くつき合うつもりだったから」「一生愛すると誓ったじゃないか！」などと言われても返す必要はありません。

男女の交際は、ふったり、ふられたりということが大前提にあります。その

ため、こうした理由を根拠に返せとは言えないのです。領収書や請求書を渡されても「払えません」と断りましょう。もし、あまりにもしつこいようであれば、ご両親など第三者に入ってもらうといいでしょう。

それにしても、最近は、デート代を返せと言う男性が増えているようです。交際中、よほど無理をしてデート代を払ったり、見栄を張ってプレゼントをしていたのでしょうか。ちまちまと手帳にいくら使ったかをメモし、別れ話が出たとたん、合計金額を計算して請求してくるようです。これは交際中の男女に限らず、離婚調停中の夫婦間にもあり、夫が妻のために買ったものやおごった代金を、十数年間メモをして請求してきたというケースもあります。もちろん、そのような請求は認められません。

minpo clip

民法クリップ

●プレゼントの場合は返さないとダメ?

プレゼントの場合は民法で贈与契約にあたります。しかし、この場合でも返還する義務はありません。

●約束したプレゼントをくれないときは請求できる?

プレゼントの約束も贈与契約になり、メモ程度でも書面に書かれていれば、請求できます。口頭で約束した場合はいつでも取り消すことができるので、プレゼントはあげられないと言われたら請求できません。

2

100

事例

元彼が友達に「アイツ、デブでさ～」とわたしの悪口を言いふらしています（泣）。これって名誉毀損!?

元彼が男友達のみならず、女友達にも、わたしがデブで、いびきをかくから別れたと言いふらしています。本人は笑いをとっているつもりのようですが、このことで、わたしは精神的苦痛を受けました。拒食症になりそうです。何とかできませんか。

本人に悪気がなくても、別れた彼女の身体的特徴を挙げて侮辱するなんて、人として許せませんね。こんな幼稚な男と別れてよかった、そう思いましょう。彼のことは早く忘れるに越したことはありませんが、あなたの悪い評判が長い間流されるのも困りものですね。

そこで、まずは共通の友人・知人がいれば、その人を介して、あなたが精神的苦痛を負っていること、ただちにやめてほしいという旨を伝えてみましょう。彼が本当に悪気がなかったのであれば、ひどいことをしてしまったと気づくでしょう。そして、謝ってくれるはず。

しかし、相変わらず、あなたの悪評を流していたり、もしくは余計にひどい

ことを言うようになったら法的手段に出てもよいでしょう。「内容証明郵便」で、これ以上悪評を流さないでほしい、やめなければ刑法上の「侮辱罪」、「名誉毀損罪」で告訴も辞さないという意思を伝えます。また、民法上では、あなたの名誉を侵害する不法行為にあたりますから、損害賠償請求をすることも考えられます。そのためには、何を言われたのか、どう傷ついたのか、心療内科にかかったらその明細書など、証拠をそろえておくようにします。

こうした証拠は、刑法上の侮辱罪、または名誉毀損罪で告訴する際にも必要です。ただ、実際には、悪評を流されたというだけでは、なかなか警察は動いてくれませんから、損害賠償請求をしたほうが早いといえます。

問題の整理

- 知人を介してやめるように伝える
- 内容証明郵便で告訴の意思を伝える
- 名誉を侵害。損害賠償請求をする
- 侮辱罪、または名誉毀損罪で告訴

minpo clip

民法クリップ

●侮辱罪と名誉毀損罪について

刑法上の侮辱罪、名誉毀損罪は、「親告罪」なので、被害者が告訴しなければ、警察は動いてくれません。まずは告訴が必須です。

●侮辱罪の事件

市会議員がスナックで初対面の女性客に「デブ」とけなして侮辱罪に問われ、拘留刑が言い渡されたという事件もあります。

事例 3 100

同棲している彼が、わたしが出張で留守のときにほかの女を連れ込んでいた。許せない!!

出張から1日早く帰ってきたら、なんと、同棲している彼がほかの女を連れ込んでいました。おまけに「ここはオレの部屋でもあるんだ」と居直る始末。それじゃ、わたしに出て行けというのでしょうか。この女を「不法侵入」で訴えて、彼に慰謝料を請求できますか。

「不法侵入」とは、誰の同意もなく、見知らぬ人が勝手に敷地や建物内に入ってくることを指します。

この場合、同棲中の彼の承諾を得て部屋に入っているので、残念ながら、相手の女性を不法侵入で訴えることはできません。仮に、あなたの名義で借りている部屋、もしくはあなたが購入したマンションでも、同居人の承諾があれば、相手の女性をとがめるわけにはいきません。

しかし、その女性は、あなたにとって見ず知らずの人で、平穏を乱されているわけですから「出て行ってほしい」と言うことはできます。もし、出て行かなかったら、「不退去罪」で訴えることができます。

不貞を働いた彼に対しての慰謝料は、あなたと彼の同棲期間や結婚をする約束をしていたか、夫婦同様の生活をしていたかどうかなどによって判断が分かれます。

恋愛関係にある男女が一緒に住む「同棲」と、籍は入れていないけれど事実上夫婦である「内縁」では、法律的な保護（慰謝料請求権や損害賠償権など）が違うのです。内縁関係にあると認められれば、お互いの貞操を守る義務があるとされ、彼と相手の女性に慰謝料請求をすることができます。

また、結婚の約束をしていたのに、今回の件で婚約破棄になった場合は、彼に慰謝料請求をすることができます。別れる際には、同棲期間中に蓄積されたお互いの財産分与も求めることができます。

minpo clip

民法クリップ

●同棲していた恋人と共同で購入したものは？

同棲していたときに共同購入した家具や電化製品は、民法では、元恋人との共有物とされます。原則としてそれぞれが2分の1の持ち分を有することになります。

●同棲時の荷物の分け方で大げんか…

同棲で共同購入したものは、お互いに公平になるよう、話し合いで決めることが大切です。それでも解決できない場合は、家庭裁判所に財産分与の調停を申し立てることができます。

4 100

事例

結婚を約束した彼に、お金を貸したら、連絡がとれなくなってしまった。どうすればいい？

お見合いパーティで知り合った男性と、結婚を前提に交際を始めました。東大卒でベンチャー企業の社長。海外に進出したいけど資金が足りないと相談され、彼の夢を応援したくて300万円を貸しました。そうしたら、いきなり音信不通に…。これって結婚詐欺!?

信じたくはないでしょうが、おそらく結婚詐欺にあわれたのだと思います。お金を振り込んだとか、借用書を書いてもらったなど、３００万円を貸したという証拠になるものはないでしょうか。あれば、それを持って弁護士に相談しましょう。「詐欺罪」で告訴することもできますが、３００万円を返してもらうほうが先です。

３００万円を現金で渡してしまって、借用書もないという場合でもあきらめないでください。交渉の中での会話を録音するなど、方法はあります。

ただ、ネックは音信不通になっていること。連絡がとれないということは、携帯電話の番号しか知らなかったということでしょうか。すでに携帯電話が解

約されてしまっていたら、調査会社に相談して、居場所を突き止めることから始めなければならないかもしれません。

　結婚を前提に交際をしているのに、自宅の住所や会社の場所などを知らないというのは、よくよく考えるとおかしなことです。恋愛中はまめに連絡がとれて会ってさえいればよくて、とくに、1日に何度も携帯メールでやりとりしていたりすると、常に〝つながっている〟錯覚に陥りがちです。でも、これは間違い。そこに、結婚詐欺師は目をつけ、騙すわけです。「事業資金が足りない」「独立開業をするので資金援助をしてほしい」「結婚したら、仕事の上でもパートナーになってほしい」というのは、彼らの常套文句。本当に起業してバリバリ仕事をしている男性は、恋人に借金を申し込んだりしません。

minpo clip

民法クリップ

●もし、結婚してしまっていたら？

　結婚詐欺で厄介なのが、結婚詐欺師と被害にあった女性が入籍していた場合。

　刑法では、「詐欺罪」や「窃盗罪」などを、配偶者、直系血族または同居の親族との間で犯したときは、処罰できないという規定があるのです。ただ、短期間に次々と似たような手口で婚姻、離婚を繰り返し、その相手の財産を持ち逃げしていたような場合は、結婚意思がないとして詐欺罪に問うことができることもあります。

5 100

婚約した彼が学歴でウソをついていた！ もう信じられない、婚約破棄したいけどできる？

事例

お見合いで会った彼と結婚を前提としたおつき合いをし、婚約しました。ところが、先日、彼の友達と話をしたときに、彼が学歴を偽っていたことが発覚しました。彼の経歴もウソばかりで、信じられなくなりました。婚約を破棄したいのですが…。

彼はなぜ、学歴を偽っていたのでしょうか。ウソをつかれたことはショックでしょうが、まずは、彼がウソをついてしまった理由を聞いてみましょう。

婚約を一方的に破棄するには、正当な理由が必要です。正当な理由として挙げられるのは、学歴や経歴の詐称、多額の借金、不貞行為の発覚や、暴力、侮辱行為など。でも、その前に憲法第24条2項では、婚約（配偶者の選択）は、通常の財産に関する契約と違って、〝その人の人格〟で選ぶものであって、〝条件で選ぶ〟ものではないとしています。

ケースにもよりますが、単に、学歴や経歴を偽っていたということだけでは、婚約を破棄する理由にはならないでしょう。

ま…まあね
私の彼
こう見えても丁大首席で
卒業してるの

　ただし、彼が学歴を偽っていただけでなく、勤務する会社も偽り、ほかの女性とつき合っていた、実は妻子がいた、あなたから財産を奪おうとしているなど、詐欺的行為があれば、あなたから婚約を破棄することができます。その場合は、嫁入り道具などで結婚の準備に使ったお金や精神的苦痛を受けた慰謝料などの損害賠償請求もできるでしょう。

　また、結納金や結婚指輪は、民法では、「解除条件付贈与」とされていて、原則的には、婚約を解消したら返さなければならないものですが、婚約を解消する原因を作ったのが結納金や婚約指輪を渡した側にある場合は、返還する必要はありません。返したくないと思えば、返さなくていいのです。

　いずれにせよ、本当に彼と結婚したいのか考えてみる必要がありそうですね。

minpo clip

民法クリップ

●性格の不一致を理由に婚約破棄されたら

　性格の不一致や親が反対しているなどといった理由の場合は、婚約破棄の正当な理由としては認められません。法律で無理やり結婚させることはできませんが、民法の「婚姻予約不履行」による損害賠償請求はできます。

●婚約する予定の彼の戸籍は確認できる？

　本人の同意なしに素行調査をしたりすれば、プライバシーの侵害にあたります。近年では、住民基本台帳の閲覧も閲覧者を厳しく限定しています。

6
100

事例

結婚を前提につき合っていた彼に、実は、妻子がいた！　今までの時間を返して！

3年前から結婚を前提につき合っている彼がいます。「結婚しよう」とプロポーズもされましたが、お互いの両親に挨拶をする段階になると、彼の様子がヘンに。問いつめたら、妻子がいると言います。ショックで泣くに泣けません。結婚詐欺で訴えられますか。

結婚詐欺とは、結婚する気もないのに「結婚しよう」と言って、結婚をエサに借金を頼んだりして金銭を得、返さずに姿を消してしまうことをいいます。

妻子がいることを隠してプロポーズをしていたということは、あなたを騙していたことになりますが、その目的があなたの物をとったり、財産を得ようとした場合でなければ、刑法上の「詐欺罪」は成立しません。

残念ながら、彼を詐欺罪で警察に突き出すということはできないでしょう。

しかし、民法の「不法行為」による慰謝料などの損害賠償請求はできます。あなたは、彼が既婚者であればつき合わなかったわけですから、貞操についての判断を誤らせた責任が相手にあります。これは、あまりにもショックです。

交際していた3年間を返してほしいものですね。この場合は、もし彼の奥さんからあなたに慰謝料請求があっても支払う必要はありません。

ただし、彼に妻子がいることを知った後も交際を続けてしまうと、奥さんから慰謝料請求されても文句は言えなくなってしまうので気をつけて。「キミを失いたくなかったから」とか「愛している」などという甘い言葉にひきずられず、毅然とした態度をとりましょう。

また、腹が立ったからといって、彼の奥さんや実家、会社などに電話をすると、嫌がらせ、脅迫、名誉毀損などになる可能性もあります。ここは怒りをグッとこらえ、弁護士に相談して冷静に対処しましょう。

問題の整理

▶ **プロポーズまでの経過をまとめる**

▶ **「結婚しよう」と言われた証拠を探す**

▶ **弁護士に相談**

▶ **内容証明郵便などで慰謝料を請求**

minpo clip

民法クリップ

●慰謝料請求のための証拠…

慰謝料を求める訴えを起こして争う際に必要なのは、結婚すると約束していた事実を証明できる証拠です。

手紙やメール、婚約指輪などがあればいいのですが、何もない場合は、友人などによる証言でも大丈夫。

●両親にも相談を

妻子があることを黙っていた彼に毅然とした態度をとるためにも、両親などにも相談して、間に入ってもらいましょう。

7 100

事例

不倫相手の奥さんから慰謝料請求が…。誘ってきたのは彼で、わたしも被害者なのに!!

妻子がいる彼と5年間つき合っています。ところが、最近、不倫関係にあることが彼の奥さんに発覚してしまい、慰謝料請求をされてしまいました。その途端、彼は逃げ腰になり、連絡もとれません。奥さんとは仲が悪くていずれ別れると言っていたのに…。

誘ってきたのがたとえ彼のほうであっても、妻子がいる男性と知っていて不倫関係になった場合は、婚姻関係にある夫婦の家庭環境を乱したということに変わりはありません。

したがって、交際するまでのいきさつや、どちらが積極的だったかにかかわらず民法上の「不法行為」となり、不倫相手の奥さんは、あなたに慰謝料を請求することができます。

一方、不倫相手の男性に対しても、夫婦の貞操義務を破った「不貞行為」として、奥さんから慰謝料請求ができます。

ただし、交際を始めるときに、すでに彼と奥さんが別居状態であるなど、婚

姻関係が破綻していたような場合は、不法行為にはならない場合があります。

また、彼が積極的に「自分は独身である」とか「妻とは別居中」「自分はバツイチである」などとウソをついて騙していたような場合には、逆に、男性の不法行為となり、あなたから彼に慰謝料請求をすることができます。

しかし、「妻と仲が悪い」、「口も聞いていない」といった程度では、あなたから男性に対する慰謝料請求は認められません。このような甘い言葉をカンタンに信じないようにしましょう。

甘い言葉を信じて不倫関係を長く続けると、独身女性の場合は、婚期や出産適齢期を逃したり、老後が不安定になるなどのリスクを負います。不倫は、お金だけの問題ではないのです。

minpo clip

民法クリップ

●慰謝料を請求されてしまったら

不倫が原因で慰謝料を請求されたら、1人で悩まずに弁護士に相談してみましょう。

もとは不貞行為を働いた男性に大きな責任があります。非難されることをおそれずに、適切な解決策を見つけ出してください。

●慰謝料の額は?

不倫の期間や経済力にもよります。相手の夫婦が離婚までしてしまった場合には200～300万円くらいになるかも。

8
100

事例

不倫だけど、大好きな彼の子どもを産みたい。認知してもらう方法を教えて。

不倫相手の子どもを妊娠しました。シングルマザーになっても、大好きな彼の子どもを産みたいと思っています。でも、妊娠のことを告げると、彼は黙り込んでしまいました。何とか認知してもらう方法はないでしょうか。不倫だとそれはできないのですか?

不倫関係にあっても、産まれた子どもと父親は父子関係にあります。子どもの母親と父親が婚姻関係になくても、法律上で父と子の父子関係を発生させることができます。そのために必要なのが「認知」です。

認知は、産まれる子どもにとっては、とても重要な手続きです。婚姻届を出している両親から産まれた子どもは「嫡出子《ちゃくしゅつし》」と呼ばれますが、婚姻届を出していない男女から産まれた子どもは「非嫡出子《ひちゃくしゅつし》」（婚外子）と呼ばれます。認知によって、法律上の親子関係が生じて、父親は子どもに対して扶養義務ができ、子どもの母親から認知した父親へ養育費の請求が可能になるうえ、相続権も認められます。

また、認知をすると、男性の戸籍にも、その子どもの名前が非嫡出子として記載されます。それによって、男性側の家族に認知した事実を知られる可能性が高くなります。そのために、ためらう男性が多いようです。

彼が黙り込んでしまったのも、おそらくそのためではないかと推測できます。いろいろ考えることがあるのでしょう。あまり追いつめないようにしながら、彼が気持ちの整理をつけるまで、待ってみてはいかがでしょうか。

父親である男性が、どうしても自分の子どもと認めない、あるいは、認知は勘弁してくれなど、話し合いで任意に認知をしてくれないときは、「強制認知」といって、裁判を起こして認知させることになります。裁判では、ＤＮＡ鑑定や血液鑑定によって父子関係を証明することになります。

minpo clip

民法クリップ

●認知の手続き方法

認知の手続きは、本籍地に認知する父親が認知届を提出する方法で行います。認知後、父親と母親が話し合い、親権を父親のほうに変更することも可能です。その場合は家庭裁判所の許可が必要です。

●養育費でもめたら…

家庭裁判所に養育費の支払いを求める調停を申し立てることができます。金額は父親と母親の収入や生活程度などによって、家庭裁判所が決定します。

9 100

元彼がしつこく嫌がらせをしてくる！ 怖い…。彼にストーカーをやめさせるにはどうしたらいいの？

事例

3ヵ月前に別れた元彼が復縁を迫ってきます。それを断ったところ、携帯に「このままですむと思うな」「殺してやる」「夜道に気をつけろ」などの嫌がらせメールを送ってきたり、会社帰りに後をつけてきたりします。ずっと監視されているようで怖いのですが…。

自宅や勤務先近くで待ち伏せしたり、後をつけたり、押しかけたり、連続して無言電話や嫌がらせメールをしたりという行為は、「ストーカー規制法」で、警告、禁止命令、処罰などの対象になります。まして「殺してやる」などというのは脅迫です。ストーカー行為の被害にあったときは、メールを保存したり、そのつど記録をつけるなどして、これらを持って警察に相談に行きましょう。なるべく1人ではなく両親や友人、知人などに一緒について行ってもらいます。

警察は、相談を受けた内容がストーカー規制法の対象になると判断したら、あなたの「つきまとい等に係わる警告の申し出」に従って、その行為を繰り返している相手に対して止めるよう警告してくれます。その警告に従わず迷惑行

為が続けば、今度は、都道府県の公安委員会が禁止命令を出します。緊急を要するときは、警告の前に仮禁止命令を出すこともできます。これに違反して、なお、ストーカー行為を続けていれば、1年以下の懲役、または100万円以下の罰金が科せられます。さらに、警察に対して、被害の防止に対する援助を受けたい旨の申し出をすることで、自宅周辺をパトロールしてもらったり、防犯ブザーの貸し出しを受けたり、ストーカー行為をする相手への対処法を教えてもらうことができます。自分自身でも携帯のメールアドレスや帰り道を変えたり、引っ越しを考えたりなど、防犯対策を考えてください。深刻な事件になる前に、自分でもできることをしておきましょう。

問題の整理
▼
警察に相談して、警告をしてもらう
▼
公安委員会に禁止命令を出してもらう
▼
被害防止の援助を受ける
▼
最善の防犯対策を考え、実行

minpo clip

民法クリップ

●どこからが、脅迫罪？

「脅迫罪」とは、恐怖心を起こさせる目的で、相手やその親族の生命、身体、自由、名誉に危害を加えることを通告する犯罪です。「殺してやる」というのは、生命に対する危害の通告で、実際に危害を与えるつもりがなくても、メールや手紙、口頭などで言うと脅迫罪になります。脅迫罪は2年以下の懲役、または30万円以下の罰金が科されます。

10
100

事例

籍は入れていないけれど、彼とずっと一緒に住んでいる。事実婚って相続権はあるの？

籍は入れていませんが、彼と5年ほど一緒に住んでいます。お互い働いていて、わたしは名前を変えたくないし、このままでいようと思うのですが、その場合、何かデメリットはありますか？　入籍していなくても、事実婚なら相続権はありますか？

最近は、夫婦別姓を実践するために、結婚をしても籍を入れないというカップルが増えていますね。

法律的には、事実婚は内縁関係といわれ、籍には入っていないけれど、実質夫婦といわれる男女の関係のことをいいます。

この内縁関係の場合は、夫婦としての法的な保護が受けられます。たとえば、内縁関係が破綻した場合には、離婚と同じ扱いで、財産分与や慰謝料を請求することができます。遺族年金についても内縁の妻に受給の資格があるとされています。交通事故などの損害賠償も法律上の夫婦と同じように扱われます。ただし、残念ながら相続権はありません。しかしこれも、遺言書を作成し、それ

に内縁の妻あるいは夫の相続分について明記しておけば、遺言書に従った相続が可能です。

デメリットは、子どもが生まれた際に、その子どもが戸籍上では非嫡出子《ひちゃくしゅつし》（婚外子）と扱われることになる点です。子どもを非摘出子にしないために、出生したら一度婚姻届を出し、改めて離婚手続きをするという、夫婦別姓のケースもあります。

また、税金の関係でも、「配偶者控除」や相続税の「配偶者軽減措置」を受けられないなどの不利益があります。お互いに働いているときはよいのですが、子どもが産まれて女性が働けなくなったときに、配偶者控除を受けられないというのは、少し家計に負担がかかるかもしれませんね。

minpo clip

民法クリップ

●夫婦別姓について

夫婦別姓に関しては、20年以上も前から議論されているのですが、未だ、改正の見通しはありません。

結婚をしても、その家に入るのではなく、お互い精神的に自立した関係でいたいという夫婦のあり方が法的に認められなければ、今後、ますます事実婚が増えるのではないでしょうか。

11 100

事例

彼の子どもを妊娠したけれど、産みたくない。彼は反対していますが、決定権はどっちにある？

同棲している彼の子どもを妊娠しました。わたしにとっては思わぬ妊娠。予想もしなかったことで、混乱しています。今の仕事、生活に満足しているので、正直、子どもはほしくありません。でも、彼が産んでほしいと言っています。決定権はどっちにあるの？

日本は「母体保護法」という法律で、妊娠21週6日まで人工妊娠中絶が認められており、最終的な決定権は女性にあります。これは、人工妊娠中絶の手術を受けるのが、女性であって男性ではないからです。

妊娠12週未満までは、女性の権利に基づいて、任意に人工妊娠中絶が認められています。12週を過ぎてしまうと、妊娠の継続・分娩が困難であるという母体の身体的、精神的、経済的、社会的理由が必要になってきます。

結婚している場合は、配偶者の同意書が必要です。あなたの場合、一緒に暮らしているので、事実婚と認定される可能性もあります。

ともかく、まずは、お互い納得いくまでよく話し合うことが必要です。産ん

でほしいと言われても、おなかが大きくなるのも、むくみなどに悩まされるのも、出産で痛い思いをするのもすべて女性。出産後の教育についても、きちんと考えておく必要があるし、結婚、認知について話し合う必要もあります。

また、これまでのキャリアや仕事の関係上、今、子どもを産むのは困るという状況もあるかもしれません。しかし、せっかく授かった命です。彼の言い分も聞きながら、どうしたらお互いハッピーになれるか考えてみましょう。

また、中絶の手術は見えないところを手探りで行うものですから、子宮を傷つける危険があります。そのため、中絶後に子宮や卵管に炎症を起こしたり、出産できる状態になっても不妊症や流産、早産の原因になる場合もあります。

今後はきちんと避妊をするようにしましょうね。

minpo clip

民法クリップ

●妊娠中絶と墮胎罪

妊娠中絶は、日本の刑法のなかでは「墮胎罪」という規定によって犯罪とされています。

しかし、現実には「母体保護法」によって、身体的、経済的理由などで人工妊娠中絶が認められているため、処罰されることはありません。

●きちんと避妊を

まだ子どもを産むつもりがなければ、きちんと避妊をしましょう。ピルを飲んでいても、コンドームの使用は忘れずに。

12 / 100

事例

夫とケンカした勢いで離婚届を出したけど、その後仲直りした。バツイチになっちゃう?

先日、夫とケンカした勢いで離婚届を出してしまいました。でも、その後、夫と話し合って、仲直りしました。離婚届を取り消すことはできるのでしょうか。それとも、再度入籍しないとダメなのでしょうか? このままでは、バツイチになってしまいます。

一度、離婚届が受理されてしまうと、戸籍簿は協議離婚として書き換えられてしまいます。残念ながら、夫婦の双方が署名捺印して提出した離婚届は、取り消すことができません。

ただし、夫婦のどちらか一方が相手に対して無断で作成した離婚届は、無効を主張することができます。また、騙されたり、脅迫されて署名させられた場合も、もちろん取り消すことができます。それには、家庭裁判所に協議離婚無効、あるいは取り消しの調停を申し立てなければなりません。調停が成立すれば、10日以内に、家庭裁判所から交付された調停調書を添えて、戸籍訂正の届出をします。

役所では、離婚届が提出された際に、形式が整っているかをチェックしますが、本当にお互いが別れる意思があるのかなどは調べません。どちらかが勝手に離婚届を出したり、別れるつもりはないのに、感情的になって判を押した場合でも、受理されてしまうのです。

離婚届に署名してしまったものの気が変わってしまったという場合には、相手が離婚届を役所に提出する前に、役所に「不受理届」を出しておきましょう。これを提出することにより、相手がどこの役所で離婚届を出しても受け付けられなくなります。なお、不受理届は提出をしてから6ヵ月しか効力がないので、延期したいときは、再度、不受理届を出してください。逆に離婚を決めたときは、取り下げをすることにより離婚届が受理され、離婚が成立します。

minpo clip

民法クリップ

●民法上では合意がなければ、離婚は無効

離婚届は一度出してしまうと、受理されてしまいますが、夫婦の合意によるものでなければ、民法上では、離婚そのものが無効になります。裁判になったときは、この点を争うことになります。

●離婚届が受理されてしまったら…

再度、籍を入れる際には、夫婦の生活を見直し、ケンカをして離婚届を出すことがないよう、よく話し合いましょう。

恋人や夫からの暴力は〝犯罪〟です。がまんしないで相談しましょう。

恋人や配偶者から暴力をふるわれることをドメスティックバイオレンス（DV）といいます。社会の中では、人を殴れば「暴行罪」、ケガをさせれば「傷害罪」、無理やり性的な自由を侵害すれば「強制わいせつ罪」や「強姦罪」になります。

かつては、夫婦や恋人間の暴力には警察や法律は介入しませんでしたが、今は違います。暴力をふるえば犯罪になります。もしも、恋人や配偶者から暴力を受けたら、すぐに警察や女性相談所などに相談しましょう。地域の女性相談所などでは、暴力をふるう夫から逃げ込むシェルター（一時保護所）や、離婚して自立するための支援情報なども行っています。

問題を表沙汰にしたくない、子どものためになど、さまざまな理由で女性が暴力に耐えてしまう傾向が見受けられますが、夫の暴力をがまんし続けた結果、夫を殺してしまう事件も起こっています。こうなっては殺人罪の加害者となり、救済の対象にされません。がまんせずに一刻も早く相談しましょう。

Chapter2

第二章

美容・健康の民法相談

14 100

事例

エステの痩身コースに通っているけどすごく痛い。解約したいけどお金は戻ってくる?

エステの痩身コースを契約したのですが、施術のあまりの痛さに悲鳴を上げ、解約をしたいと申し出ました。でも、そんな理由では解約できないと言われました。一緒に勧められて購入したホームエステ美顔セットも解約したいのですが、どうしたらいいでしょう。

支払い合計が5万円、期間が1ヵ月を超えるエステは、「特定商取引法」という法律で、契約期間中であれば、自由に中途解約ができると決められています。「そんな理由では解約できない」と業者が言ったとしたら、それは、「解除妨害」のために不実告知をした、つまり、虚偽の説明をしたことになります。

痩身コースはもちろんのこと、痩身コースと一緒に購入する必要があると言われて一緒に購入した美顔セットであれば、それもエステとまとめて解約をすることができます。

中途解約料は、施術を受けた後であれば、施術を受けた分の料金のほか、2万円または契約残高の10%のうち、いずれか低い金額と決められています。

電話で中途解約の連絡をしても、適切な処理がなされないような場合は、内容証明郵便で中途解約の申し出をしましょう。そうすれば、中途解約の申し出をした日を明確にすることができます。

また、そもそも、こうした中途解約に関する事項は、「クーリング・オフ」と同様に、契約書面などに記載されていなければなりません。契約をしたときにもらった申し込み書面や契約書面も再度、確認してみましょう。中途解約に関する事項が記載されていなければ、１００万円以下の罰金、業務停止命令の対象になります。もしも、クーリング・オフに関する記載がなければ（エステは８日間）、中途解約どころか、今からでも契約を取り消すことができる可能性もあります。消費生活センターに相談するとよいでしょう。

痛いから解約したいんですが…
そんな理由じゃムリムリ
ホラココアザが…
5万円以上払って1ヵ月以上の契約だからできるはずよ!!
うっ法律にお詳しいのね…

minpo clip

民法クリップ

●困ったときの相談窓口

商品やサービスなど、消費生活全般に関する苦情や問い合わせなどは、全国にある消費生活センターに相談してみましょう。

問い合わせ先一覧はhttp://www.kokusen.go.jp/map/index.htmlに掲載されています。

●施術が原因でアザができてしまったら

痩身コースの施術が原因でひどいアザになってしまったら、すぐに病院に行き、診断書をもらうようにしましょう。治療費などの慰謝料を請求することもできる場合があります。

15/100

事例

美容外科でケミカルピーリングの契約をしたけれど、やっぱり、高いのでやめたい…。

にきび痕や肌のくすみを取りたくて、美容外科でケミカルピーリングの契約をし、料金を全額前払いしました。でも、冷静になってみるとやっぱり高い。キャンセルを申し出たけれど、クーリング・オフも中途解約もできないと言われてしまいました。本当ですか？

消費者が肌をきれいにするエステ感覚で契約したとしても、皮膚科や美容外科などの医療機関との契約は、残念ながら、「特定商取引法」の対象外となり、クーリング・オフはできません。

中途解約もその医療機関との話し合いによることになります。まずは、契約書面やホームページなどに解約に関する記載があるかどうか、あればどのような内容になっているか確認してみましょう。

まだ施術を一度も受けていないのであれば、解約できそうなものですが、なかには、「いかなる理由があろうと料金は一切返還いたしません」などという契約条項を設けているところもあります。

このような消費者に一方的に不利益となる条項は、「消費者契約法」の不当条項にあたり、条項にかかわらず契約を解約することができる可能性もあります。納得がいかない場合は、消費生活センターに相談してみましょう。

もともとケミカルピーリングは、酸などを使って角質や表皮、真皮を化学的に溶かし、新しい皮膚の再生を促すことによって行う治療法です。にきびやにきび痕、色素沈着、小ジワなどに効果があるといわれていますが、一方で、赤く腫れた、かさぶた、シミができたなどの皮膚トラブルが起きた例も多くあります。これを防ぐためには治療前後のケアが重要とされています。施術をする前に治療の注意点なども含め、効果だけでなく、デメリットに関する説明も聞いておきましょう。

minpo clip

民法クリップ

●トラブルを防ぐために

ここ数年、美容に関するトラブルが続出しています。

トラブルを防ぐためにも、契約前に支払いや解約に関する説明をしっかり聞いておくことはもちろんですが、同時に、施術の内容についても、医師からきちんと説明を受けておくことが大切です。説明を受けてもわからないことはそのままにせず、理解できるまで聞くようにしましょう。

16/100

事例

エステサロンで脱毛をしたら、やけどをして皮膚科に通院することに！　治療費を請求できる？

エステサロンで両わき下の電気針脱毛をしました。5回のうち、3回目であまりの痛さに中断。わきの下が赤くなり、やけどをしていると言われました。現在、皮膚科で治療を受けていますが、なかなかやけどの痕が治りません。治療費を請求できるでしょうか。また、料金も返してもらえますか。

脱毛はエステサロンで行うものだと思っている人がまだ多いようですが、電気針や光脱毛、レーザー脱毛のような毛根部分を破壊する脱毛は医療行為にあたるため、エステサロンで行うことが禁止されています。そして、違反した場合は、「医師法違反」に問われます。

また、脱毛サービスの契約をしたのに、施術の際にやけどを負わされたとなると、サービスを提供するなかで、民法上の「債務不履行」があったということになります。このケースの場合、きれいに脱毛ができなかったばかりか、やけどという被害も引き起こしていますね。これを拡大被害といい、支払った代金の返還や治療費、やけどの程度に応じた慰謝料などを請求することができま

へぇ〜
いろんなところで
脱毛できる
のねー
脱
脱毛
脱毛

す。すぐに皮膚科の医師に診断書を書いてもらい、損害賠償請求をしましょう。

そして今後、脱毛は必ず皮膚科などの医療機関で行うようにしてください。医学的な知識も技術も持たないエステティシャンが行う脱毛はキケンです。やけどなどの被害を引き起こすだけでなく、やけどを負ってしまったお客さんに対して、エステサロンでは、医療行為となる薬品の使用が禁じられているため、アイスパックで冷やす程度の処置しかできません。そればかりか、クリームなどの化粧品を塗られ、さらに炎症を悪化させてしまう場合もあります。医療機関であれば、万一、脱毛後の肌にトラブルが起こった場合も、化膿止めなどの治療薬を塗ることができます。

問題の整理

診断書をもらい、エステサロンと交渉

▼

消費生活センターに相談

▼

司法書士や弁護士を紹介してもらう

▼

慰謝料などを請求

エステサロンでの脱毛は
禁止されているのだが…
脱毛したら
やけどの痕が…

minpo clip

民法クリップ

●レーザー脱毛は医療行為です

２００１年11月8日、厚生労働省では、文書通知で「レーザー脱毛は、医療行為であり、医師免許を持っていない者が行うことは医師法違反になる」との見解を示しました。

これによって、医師法違反で営業停止になったエステサロンもあります。必ず医師免許のあるところで行いましょう。

17 100

事例

3年前にプチ整形で二重にしたのに、一重に戻ってしまった！　無料で治してもらいたい。

3年前に美容外科のプチ整形で二重にしました。その後、結婚したのですが、最近、一重に戻ってきてしまって…。夫には「最近目が腫れていない？」と言われていますが、言うに言えません。永久に二重でいられると思ったのにひどい。タダでやり治してもらえるでしょうか。

二重まぶたの整形手術にはいくつか種類があるようですが、この場合、切開をすることのない埋没法だったのでしょうか。

確かに、埋没法でも、半永久的に二重のラインはとれることがないという説明を見かけます。ただ、まぶたにできものができて腫れたり、脂肪が多くついてしまったときなどにとれることもあるようです。まずは、どうしてとれてしまったのか、プチ整形をした美容外科に聞いてみましょう。

同時に、プチ整形をしたときに、どんな説明を受けたのか思い出し、契約書面などが残っていれば確認しましょう。一重に戻ってしまうリスクがあるのであれば、医師はそれを契約前に、消費者にわかるように説明しなければなりま

せん。医療契約は、民法上「準委任契約」と規定されているため、事前に施術に関する説明責任が義務づけられているのです。いずれにしても、美容外科と相談、交渉をすることが必要です。

ただし、もし、無料で二重まぶたの再手術をしてくれることになっても、その美容外科で手術をするかどうかは、よく考えましょう。永久に二重でいられると思わせる説明をしつつ失敗したところに再度お願いしてよいものか思案のしどころです。

また、今後、プチ整形を受ける際は、良い点ばかりでなく、失敗するリスクや失敗したときの対処など、契約前にくわしいカウンセリングや説明を受けるようにしてください。

minpo clip

民法クリップ

●プチ整形をする前に

プチ整形は、手軽にできるというイメージがありますが、手術をするということには変わりありません。

どんなに小さな手術でも、手術後には細菌感染などの可能性があるのです。衛生管理などがしっかりされているか、ちゃんとチェックしておきましょう。

また、術後の注意点についてもしっかりと説明を受けましょう。

18 / 100

事例

3週間でやせるというダイエット食品を買ったけど、まずくて食べられない！　お金返して！

インターネットで、3週間でやせるというダイエット食品を購入しました。効果がなかったら、全額返還と書いてあったので、試しに買ってみたのです。ところが、さっそく食べてみてあ然。とてもまずくて食べられません。返品して代金を返してほしいのですが…。

インターネットでの取引は、「特定商取引法」の規定では通信販売になります。通信販売は、クーリング・オフ制度が適用されません。万が一、届いた商品の品質に問題があったり、広告と違っていた場合は、民法上の「瑕疵《かし》担保責任」や「債務不履行責任」を主張することができます。

「まずくて食べられない」というのは、どのようなことでしょうか。味がおかしく、何かヘンな薬品が入っている気がするとか、広告でおいしいと表現されていたので買ったのに実際はまずくて、とても食べられないということでしょうか。その理由を明らかにして、通信販売業者に相談、交渉してみましょう。

通信販売の場合は、返品の申し出を受けるかどうか、その条件など、すべて

通信販売業者の営業方針に任されています。

ただ、特定商取引法で、インターネットなどの広告に、返品に関する記載をすることが義務づけられていますので、返品制度がどうなっていたかどうか、ウェブサイトで確認してみましょう。通常は商品を消費してしまったら、返品することができないことがほとんどですが、開封していない分だけでも返品できるか相談してみることをオススメします。

また、ダイエット食品の広告の「効果がなかったら全額返還」といううたい文句にはくれぐれも注意してください。そうしたうたい文句で商品をまとめ買いさせられて、実際には、効果がなかったとして申し出ても、いろいろな条件などつけられ、返品してもらえないというトラブルが多発しています。

minpo clip

民法クリップ

●特定商取引に関する法律とは

特定商取引法は、訪問販売など、消費者トラブルを生じやすい特定の取引を対象に、トラブル防止のルールを定め、事業主による不公正な勧誘行為などを取り締まる法律です。

対象となる取引類は、次の6つに分類されています。

・訪問販売
・通信販売
・電話勧誘販売
・連鎖販売取引
・特定継続的役務提供（エステサロン、語学教室など）
・業務提供誘引販売取引（仕事を提供して、収入が得られるなどと誘引して商品を買わせる取引）

19 100

事例

通っていたエステサロンが倒産！コース代金をクレジット払いしているのだけど…。

2ヵ月前にエステサロンでフェイシャルコースを申し込みました。25回コースで35万円をクレジット会社で分割払いにしました。それなのに、途中で倒産してしまい、もうサービスが受けられません。まだ5回しか施術を受けていないのに、支払いはどうなるのでしょうか。

すぐにクレジット会社に連絡しましょう。エステサロンが倒産したことを伝え、支払停止を申し出ます。クレジット取引は「割賦《かっぷ》販売法」という法律で規制されています。その中で、販売業者との間で商品やサービス購入契約の無効・取消・解除など、代金の支払いを拒絶できる理由があるときは、クレジット会社に対する支払いを停止できると定めているのです。これを法律用語では、「抗弁権の接続」といいます。

フェイシャルコースの契約は、サービスを提供するエステサロンが閉鎖された時点で、民法上の「債務不履行」にあたりますから、クレジット会社に申し出れば、所定の様式の「抗弁書」を送ってくれるはずです。これに記入してク

レジット会社に提出すれば、残りの返済を停止することができます。万が一、抗弁書を送ってくれない場合は、エステサロンが倒産したことにより契約したサービスが受けられなくなったので、支払いを停止する旨を書面に書いて、内容証明郵便で送りましょう。それでもクレジット会社が応じない場合は、消費生活センターに相談してみて。

たまに、クレジット会社のほうで残りのサービス分について、代替サービスを提供することもあり、別のエステサロンを紹介されることもあります。この場合消費者は、代替サービスの提供を受けるか、契約を打ち切ってクレジットの支払いの精算をするか、どちらかを選ぶことができます。

問題の整理

◀ **クレジット会社に連絡**

◀ **「抗弁書」を送ってもらう**

◀ **「抗弁書」に記入して提出**

◀ **それでもダメなら、内容証明郵便を送る**

minpo clip

民法クリップ

●クレジットと割賦販売法

「クレジット」というのは、販売会社と消費者とクレジット会社（信販会社）との三者間の契約です。消費者が自分の信用を担保に、お金を借りるシステムです。

クレジットを利用したショッピングのうち、指定された商品、権利、役務（サービス）の販売や提供を2回以上3ヵ月以上の分割払いで、4万円以上（リボルビング払いの時は3万8千円以上）を支払う場合には、「割賦販売法」が適用できます。

20/100 美容師が髪の毛を切りすぎて納得いかない髪型にされた！

髪を切ったり、パーマをかけたりする依頼をして、それが完成したときに、美容師に報酬を払うという契約は、民法では「請負契約」といいます。

請負契約では、完成した仕事（ヘアスタイルなど）に瑕疵《かし》（欠陥）があれば、依頼をした人は、契約を解除して、料金の支払いを拒んだり、支払い済みの料金の返還を求めることができます。

髪を切る際に、きちんとこうしてほしいと告げていたにもかかわらず、納得のいかないヘアスタイルになってしまったら、交渉してみましょう。それによって損害が生じた場合は損害賠償請求ができます。

21/100 エステで施術を受けたら、皮膚炎が再発してしまった！

エステサロンとそこで働くエステティシャンは、エステの施術後、お客さんに皮膚障害が生じた場合は、直ちに施術を中止、医師の診察を受けるように勧める義務があります。

施術後に皮膚障害が発症したにもかかわらず、過去に使用して蓄積したステロイド剤が皮膚に出てくる改善現象であるなどと、ウソの説明をして施術を続行したとなると、エステティシャンの「不法行為」による「過失責任」が問われます。そして、サロンに対して、民法の使用者責任を問い、損害賠償請求をすることができます。

22/100 寝るだけでやせる枕、座るだけでやせるクッションって本当？

以前、「ただ寝るだけでやせる、座っているだけで20kgもやせちゃった！」という新聞折り込みチラシを配布していた通信販売業者がいました。

経済産業省が、広告に表示された痩身効果、美容・健康効果を裏付ける合理的な根拠を示す資料の提出を求めたところ、そのような資料は一切提出されませんでした。このため、この通信販売業者は、特定商取引法で規制されている誇大広告に違反したとして行政処分を受け、3ヵ月の業務停止処分になりました。このような広告表示に安易に惑わされないようにしましょう。

23/100 乳がんの手術で乳房温存療法があったのに、まったく説明がなく乳房を切除された！

医療行為は、民法では「準委任契約」とされ、医師には、治療やその報酬に関する説明と報告義務があり、患者は知る権利があります。

乳がんの手術で乳房温存療法ができる可能性があり、かつ患者が乳房温存を望んでいたのに、詳しい説明もせずに乳房切除術を採用したとしたら、この説明義務に違反したとして損害賠償請求ができる可能性があります。実際、乳がんの手術の際の、医師の知る範囲で説明すべき診療契約上の義務があったとされる最高裁判決が出ています。弁護士などに相談してみましょう。

24/100 海外に行った友人からやせ薬のような漢方薬をもらった。飲んでも大丈夫？

やめておいたほうがいいでしょう。

日本に輸入される漢方薬は「薬事法」による規制を受け、食品も「食品衛生法」に基づいて検査などがされていますが、個人で海外から持ち込んだ漢方薬や食品は届け出や検査の対象になっていません。

日本では使用されていない食品添加物が基準以上入っている可能性もあります。とくに、やせる効果をうたっているものは、下剤や覚醒剤が入っていることもあるようです。知らずに常飲して、覚醒剤中毒になってしまったケースもあります。好意だけ受け取っておきましょう。

25/100 マルチ商法に誘われて健康食品を購入。一部食べてしまったけど返品したい

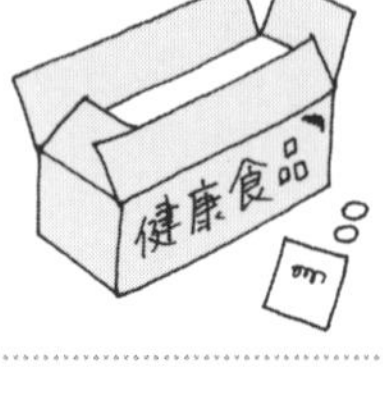

マルチ商法は、「特定商取引法」で、「連鎖販売取引」として規制されています。

連鎖販売取引は20日間のクーリング・オフ制度があるので、20日以内であれば、一部食べてしまっていても、無条件で契約を取り消すことができます。内容証明郵便で、クーリング・オフの通知を送りましょう。訪問販売のクーリング・オフでは、化粧品などは消耗品として政令指定されていて、使用・消費した分はクーリング・オフできませんが、連鎖販売取引の場合は、使用・消費している分もクーリング・オフができます。

26/100 インターネットでダイエット茶を買って飲んだら、ひどい下痢に見舞われ体調を崩して会社を休んだ

すぐに飲むのをやめて、病院で診察を受けてください。インターネットでは、さまざまな健康食品が売られていますが、信頼のできる商品を買わないとキケンです。

実際に、ある外国製ダイエット食品が原因で、肝機能障害を起こし、亡くなった人まで出た被害事件がありました。

「すぐに、確実にやせる」「飲むだけで20kg減量できる」などといった広告表示には要注意。このような被害にあったら、入っている成分を疑い、保健所に通報しましょう。

27/100 マイナスイオンで肩こりが治ると言われ、アクセサリーを買ったが効かない

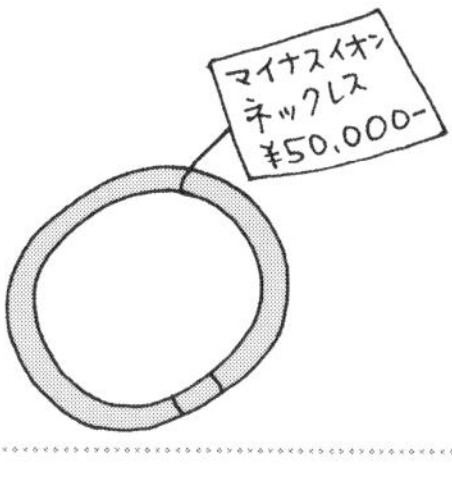

マイナスイオンで病気の予防や症状が治るという表示や説明をするには、医療機器として、「薬事法」に基づく承認・許可を取得しなければなりません。

東京都では、マイナスイオン商品の表示の調査や科学的な実証の結果、客観的な根拠が認められず、複数のマイナスイオン効果をうたった商品を製造・販売している業者に対し、根拠を裏付ける資料の提出と、景品表示法を守るよう指導しています。

効果があると告げられたにもかかわらず、実際にはそんな効果など持っていなかったとしたら、契約を取り消すことができます。

MINPO COLUMN

28 100

サプリメントはお店の宣伝をうのみにして買ってはダメ！

サプリメントを買うときには、メーカーやお店の宣伝をうのみにするのはやめましょう。「肌荒れ、にきびが治る」「便秘解消」などといった広告は、薬事法、景品表示法違反になります。厚生労働省により栄養や保健上の効果が科学的に証明されている特定保健用食品のみ「おなかの調子を整える」「コレステロールが気になる人向け」などの効果をうたうことができます。

また、同じ名称のサプリメントであっても、商品によりその有効成分の含有量はさまざまです。一つの栄養素のとりすぎによる障害や、飲み合わせによるトラブル、さらには、違法に医薬品成分を添加したものがあったという例もあります。サプリメントは誇大広告などのない信頼できるお店で、表示をよく見て、安全なものを選びたいものです。また、サプリメントを利用するときは、自分のライフスタイルに合わせて、不足がちな栄養素だけを補うようにしましょう。サプリメントの成分名や効果について知識を持つことも大切です。

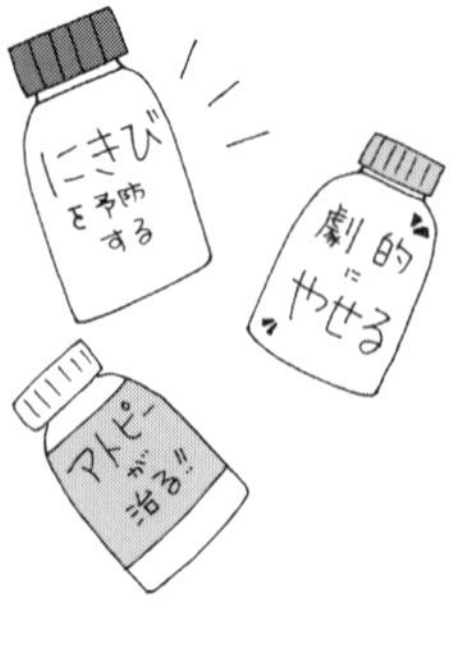

Chapter 3

第三章

インターネットの民法相談

29 / 100

事例

わたしの名前とメルアドを使ったチェーンメールが勝手に送られている!? どうしたら止められる?

「これはチェーンメールだから送らないで!」と複数の見知らぬ人から抗議メールが届きました。どうやらわたしの名前とメールアドレスを使ったチェーンメールが送られているようです。まったく身に覚えのないことです。いったい、どうなっちゃっているの!?

誰かがあなたのパソコンからいたずらしているか、何らかの手段を使って、あなたのIDとパスワードを盗用している可能性があります。すぐにIDとパスワードを変えましょう。

他人のユーザーIDやパスワードを盗用して迷惑メールを送ったり、インターネット取引をしたりすることを「なりすまし」といいます。ほかにも、勝手にホームページを書き換えたり、他人になりすましてネットオークションに出品・落札したり、オンラインゲームで他人のキャラクターの装備品やアイテムを自分のものと交換したりする例があります。

こうしたなりすまし行為は、不正アクセス禁止法で禁じられていますが、あ

まり犯罪意識を持たずに行われてしまうことが多いようです。なりすましの被害に遭ったら、警視庁ハイテク犯罪対策総合センター（☎03−3431−8109）に相談、被害届を出しましょう。

とくに送られたチェーンメールがネズミ講を誘うようなものだと大変です。ネズミ講は無《む》限《げん》連《れん》鎖《さ》講《こう》といい、参加者が金品を払い、2名以上のほかの参加者を募集し、下位会員から徴収した金品を上位会員で分配するシステム。開設した人、勧誘した人もすべて法律で罰せられます。なりすましによって行われた行為であることが立証されれば、原則としてあなたが責任を負うことはありません。そのためにも、被害届を出しておくことをオススメします。

問題の整理

▼ **すぐに、IDとパスワードを変更！**

▼ **ほかに被害を受けていないか確認**

▼ **警視庁ハイテク犯罪対策総合センターに相談**

▼ **被害届を出す**

minpo clip

民法クリップ

●電子メールを使ったネズミ講に注意！

マネーゲームに誘うようなメールでネズミ講の勧誘をされ、参加してしまったという被害が国民生活センターに報告されています。ネズミ講であること、違法であることを知らなかったとしても、他の人に転送すれば、勧誘者として書類送検される可能性があります。マネーゲームを誘うようなメールに気軽に応じるのはやめましょう。

30
100

事例

スパムメールを間違えてクリックしてしまったら、アダルトサイトに飛んで、支払い請求がきた！

スパムメールだなぁと思いながら、たまたまそこに貼られていたリンク先をクリックしてしまい、アダルトサイトに飛んでしまいました。動揺してサイトを閉じようとしたら、「入会ありがとうございます」という表示が出て、入会金3万円の請求が…。どうしたらいいのでしょう。

最近のスパムメールはこの手のものが多く、困った問題です。うっかりメールに貼られているリンク先をクリックしてしまうと、アダルトサイトに飛び、サイトのどこに触れても請求画面が出てきます。

当然ですが、入会金3万円は支払う必要はありません。そのまま無視していましょう。「入会をした覚えがないのだけど…」などと返信してもいけません。返信をした際に、名前などの個人情報を伝えることになります。さらに、「延滞料込みの10万円払え」だとか「最終通告　3日間以内に支払わなければ断固たる措置をとる」「自宅まで取りに行く」などというメールがきても無視を決め込みましょう。しつこくて嫌だという場合は、迷惑メール設定で受信しない

ようにしたり、メールアドレスを変えましょう。一方的に送りつけてくるメールには十分注意してください。

インターネットでの事業者と消費者との取引は、電子商取引と呼ばれ、「電子消費者契約法」で、規制されています。アダルトサイトが有料ならもちろん電子商取引です。この法律では、契約の意思を確認するための「確認画面」や「訂正画面」の表示をすることなどが決められています。これによって万が一、クリックミスや入力ミスをして数量などを間違えても訂正や取り消しができるというわけです。よって、確認・訂正画面がない場合は、契約は成立していないことになります。たとえ、契約が成立していたとしても、錯誤による無効が認められます。

minpo clip

民法クリップ

●迷惑メールの通報先

◆(財)日本データ通信協会（総務省）
「迷惑メール相談センター」
http://www.dekyo.or.jp/soudan/ihan/index.html
＊電話による相談
☎03-5974-0068
（10時〜17時まで。土日・祝日・年末年始除く）

◆(財)日本産業協会
「迷惑メールの情報提供」
http://www.nissankyo.or.jp/spam/

◆警察庁
「インターネット安全・安心相談」
http://www.cybersafety.go.jp/

31/100

事例

ネットオークションで落札して代金を振り込んだ後、出品者と連絡がとれなくなった…。

ネットオークションでスプリングコートを落札しました。新品で買えば5万円ほどの品を1万5000円で落札。さっそく、代金を振り込んだのですが、1週間経っても品物が届かず、出品者にメールをしても返信がこなくなってしまいました。騙されたのかしら?

あきらめずに、メールだけでなく、電話をしたり、手紙を送るなどして連絡をとるようにしましょう。

パソコンが壊れた、病気や事故で商品の発送が遅れているなど、何らかの理由があるかも知れません。それでもいっこうに連絡がとれず、商品も送られてこない場合は、○日までに商品が届かなかったら、「債務不履行」で契約を解除する、などと書いて、内容証明郵便で送りましょう。

もし、内容証明郵便が宛先不明で戻ってきたり、相手が受け取りを拒否したり、そのまま何の連絡もないという場合は、警察に被害届を出します。落札したオークション画面やオークション番号、相手と自分のＩＤ、ユーザー名、会

員番号、相手の氏名、住所、電話番号、メールアドレス、振り込み先、メールのヘッダーなどを持参して、詐欺ではないかと警察に相談してみましょう。

　そして、補償制度のあるオークションであれば、早めに被害を報告し、補償手続きを行います。オークションサイトによっては、落札日から1ヵ月を過ぎると手続きができなくなる可能性もあるので要注意です。

　ネットオークションでは代金を振り込んだ後、出品者がくもがくれしてしまうことがあります。相手の氏名、住所、固定電話番号を必ず聞くとともに（これを聞いていないと内容証明郵便も送れないし、補償制度を利用できないことがあります）、前払いを避け、エスクローサービスを利用しましょう。

問題の整理

◀ **メール、電話、手紙で連絡をとる**

◀ **内容証明郵便を送る**

◀ **警察に相談し、被害届を出す**

◀ **補償制度があれば、手続きをする**

minpo clip

民法クリップ

●エスクローサービス
　出品者と落札者の間に、エスクローサービスを行う業者が入り、商品とお金のやりとりを代行するサービスのこと。手数料は数十円から数百円ほど。もっとも安心な方法といわれています。

●ノークレーム・ノーリターン
　苦情を受け付けず、返品・返金に応じないという免責特約。

　オークションの出品者が商品の説明欄によく記載しています。

　出品しているのが業者であれば、消費者契約法違反で無効となります。

32 100

ネットショップで彼の誕生日プレゼントを買ったのに、商品が届かない！

事例

彼の誕生日プレゼントにネットショップで腕時計を注文しました。2週間以内に届く予定だったのに、もう3週間ほど過ぎています。メールで問い合わせても「もう少しお待ちください」というばかり。来週末に彼と会う約束をしているのに、間に合わなかったらどうしよう～。

代金を振り込んだのに品物が届かない、粗悪品が送られてきた、箱を開けてみたら品物が入っていなかったなど、インターネットショッピングに関するトラブルは後を絶ちません。販売業者と連絡がつかなくなるどころか、ウェブサイトが突然消滅してたり、書いてある住所や電話番号がデタラメだったというケースもあります。

もう一度、ウェブサイトに載っている情報や品物を注文したときの確認メールなどを見て、商品が届かなかった場合の確認方法、連絡先がどうなっているかを確かめてみましょう。そして、メールだけでなく、直接電話で問い合わせてみましょう。もし、何らかの理由で遅れているとしたら、プレゼント用に買

ったこと、来週末までに必要なこと、そのため、来週○日までに届かなかったら、「債務不履行」で契約を解除する旨を伝えます。ここまでやっても商品が届かない場合は、消費生活センターに相談してみましょう。

インターネットショッピングは、「特定商取引法」の通信販売に該当し、販売価格や送料、代金の支払時期および方法、商品・権利などの引渡時期、商品・権利の返品の可否と条件、販売事業者名、住所、固定電話番号、代表責任者名を表示するよう義務づけられています。まじめに事業をしているサイトなら、商品が遅れたときの問い合わせ先、トラブルQ&A、アフターサービスなどについて書かれているはずです。オンラインマークを表示した、信頼できるサイトを選ぶようにしましょう。

minpo clip

民法クリップ

●オンラインマークのあるサイトを利用しよう！

信頼できるサイト選びの目安になるのがオンラインマークです。(社)日本通信販売協会と日本商工会議所が認証機関となって審査を行い、適正と定めた事業者に付与指定します。

●ネットでクレジットカードを使うときの注意点

インターネットでクレジットカードを利用するときは、入力情報を盗まれて悪用される危険があります。

SSLによる暗号化通信などセキュリティシステムがしっかりしているところを選んで。

また、インターネットカフェなど不特定多数の人が利用するパソコンを使うのはやめましょう。

33 100

ネットショップで高級バッグが激安の1万円！安いから買ったのに、値段の表示ミスと言われた。

事例

ネットショップのウェブサイトで、どう見ても10万円はする高級ブランドバッグが1万円とありました。偽物かと思ったのですが、鑑定書つき。さっそく注文してみると、注文確認と振り込み先案内のメールに10万円とありました。私は1万円だから注文したので1万円で買いたいのですが…。

ご立腹はもっともですが、どうやらお店側が10万円と表示するところを1万円と間違えて表示をしてしまったようですね。

このような場合、民法では、間違えた人を保護するために、契約は錯誤により無効とされます。ただし、間違えた人に重大な落ち度（重過失）がある場合には、間違えた人から無効を主張することはできません。

今回のケースは、確かにネットのウェブサイトに誤った表記をしたことで消費者の混乱を招いてしまいました。事業者としては、誠意を尽くして消費者に謝るべき問題です。しかし、まだ消費者は代金を振り込んでおらず、注文確認を送った時点で錯誤に気づいて取り消しを求めているので、それでも、間違え

た金額の1万円で売れと主張するのは難しいでしょう。

ヤフーオークションの入力ミスで訴訟になったケースでは、表記された金額での契約の成立は認められませんでした。あまりに非常識な金額は〝うのみにするほうが悪い〟というのが裁判所の考え方でした。

ほかにも有名ブランドそっくりの品を低価格で売ると言いつつ、実際に送られてきた品物は数百円の粗悪品だったという被害もありますので注意してください。ちなみに、偽物のブランド品を購入することは、違法業者に手を貸すことになってしまいます。また、偽物ブランド品のような違法な物の売買で損をしても裁判所は救済してくれません。逆に処罰の対象になることもあるので、注意してください。

minpo clip

民法クリップ

●個人でも偽ブランド品を売ると、商標法違反に問われます

偽ブランド品を製造・販売する行為は、「商標法違反」、あるいは「不正競争防止法違反」になります。

商標法違反だと、5年以下の懲役、または500万円以下の罰金が科せられます。

国内や海外で購入して個人的に使用する場合は違法ではありませんが、転売すると違法になります。

ネットオークションに出品して、逮捕・起訴された例もあります。また、海外で購入した場合は、税関で没収される可能性があります。

34/100

事例

ネットでエステに関するアンケートを記入したら、情報が漏洩《ろうえい》したとお詫びのメールがきている!?

アンケートに記入すると無料のエステ券が当たるというので、スリーサイズや身体の悩み、住所、電話番号などを書き込みました。ところが、エステ券は当たらず、書き込んだ情報が漏洩したというお詫びのメールが!?　ヘンな業者に渡っていたらと思うと不安です。

アンケートを行ったウェブサイトの管理会社に詳しい調査内容を聞きましょう。どういう経緯で情報が漏洩してしまったのか、漏洩したのはどういった情報か、今後の対策や補償はどのように考えているのか、しっかり説明してもらいます。個人情報を漏洩したウェブサイトの管理会社は、「個人情報保護法」の規定違反があったとして、主務大臣の勧告や命令の対象になりますが、残念ながら民事上の責任に関する規定はありません。

しかし、故意または過失によって、顧客の個人情報を漏洩した場合には、その内容によってはプライバシー権侵害で損害賠償責任を負うことになります。故意・過失により情報を漏洩したのが従業員や委託した事業者であれば、民法

の「使用者責任」も問われます。漏洩の原因は、従業員などが意図的に盗み出して名簿業者に売却、あるいは、従業員が情報を持ち帰った際に紛失、または自宅のパソコンのファイル交換ソフトやウイルス感染によって流出、システム障害などが考えられます。

いずれにしても、このケースのように、名前や性別、住所、電話番号、さらにスリーサイズなどの身体的特徴に関すること、美容の悩みなどが流出したとなると、それに伴う不安や精神的苦痛ははかりしれません。情報漏洩によって、振り込め詐欺や勧誘の電話、嫌がらせ・中傷のメールや手紙が届くといった被害が起こる可能性もあります。すぐに、弁護士に相談しましょう。

問題の整理

▶ **管理会社に事情を聞く**

▶ **今後の対策や補償の説明を求める**

▶ **詐欺などに十分注意！**

▶ **問題が起きたら弁護士へ相談**

minpo clip

民法クリップ

●個人情報に関する苦情相談窓口

地方公共団体、国民生活センターでは、民間事業者の個人情報の取り扱いに関する消費者のための苦情相談窓口を設置しています。相談窓口一覧は次のＵＲＬにアクセスしてみて。
http://www.kokusen.go.jp/map_kojin/index.html

●プライバシーマークのあるウェブサイトで

個人情報を入力する際は、プライバシーマークがあるウェブサイトが安心です。
詳しくは(財)日本情報処理開発協会まで。
http://www.jipdec.jp/

35 100

SNSで友達になった人から、誹謗中傷されるように…。やめてもらうには、誤解を受け、どうしたらいい？

事例

あるSNS（ソーシャル・ネットワーキング・サービス）で、知らない男性から友達になってとメッセージがきました。悪い人ではなさそうなのでリンクしてお互いの日記を見るようになったのですが、わたしが彼の意見に水をさしたことがきっかけで、彼はわたしを誹謗中傷するように。やめさせたいのだけど…。

まず、むやみに知らない人とリンクし合うのはやめましょう。

友達の日記などで言葉を交わすようになって、親しくなってきたら友達としてリンクし合うのはよいですが、いきなり見ず知らずの人からの誘いは断ったほうが無難です。アメリカでは、10代の少女がSNSで知り合った男性から、暴行を受けたという事件も発生しています。

SNSは、ブログと同様、インターネット上のコミュニティの場として、今とても人気です。なかには、ネット中毒ならぬSNS依存で、1日中アクセスして、日記を書き込み、コメントを見ないといられないという人までいるとか。そういう人のなかには、自分の日記についたコメントがすべて自分の意見に賛

同、あるいは賞賛してもらわないと気が済まないという人もいるのです。

さて、日記で誹謗中傷を受けているとのことですが、SNSでは、原則、争いやトラブルは当事者間で解決するとしているところがほとんどです。

誹謗中傷は無視をして、もう彼の日記を見ることはやめ、こっそりリンクも外してしまいましょう。アクセスブロック機能を利用して、彼が自分のページにアクセスできないようにしてしまうという手もあります。そうして、自然に静まるのを待ちましょう。とにかく、SNSやブログを活用する際は個人が特定できる記述は避け、不適当な発言にも十分注意する必要があります。

あきらかに、「名誉毀損」、「個人情報保護法」に触れる内容であれば、SNSの運営会社に削除を求めることもできます。

minpo clip

民法クリップ

●SNSで損害賠償請求はできる?

誹謗中傷といってもさまざまですが、その内容によって精神的苦痛を負い、実社会でも被害を被っていれば、相手に、名誉毀損、プライバシー権の侵害などで、損害賠償請求することもできます。

こういったケースでは、弁護士などに相談してみましょう。その際、これまでの履歴などをプリントアウトして持参するとわかりやすいでしょう。

36
100

友達が無断でブログにわたしの写真を載せている！これってあり？ プライバシーの侵害になるのでは。

事例

ネットサーフィンをしていたら、友達のブログにわたしがランチを食べている写真が載っていました。いつの間に撮ったのでしょう。パスタを頬張っている顔で恥ずかしいです。断りもなく載せるなんて、プライバシーの侵害ですよね？ 削除してほしいのだけど。

ランチを食べているときの顔、つまり、自分の私生活の一部分が知らない間にインターネットで公開されていたとなると、女性として心中穏やかではありませんよね。そのお友達も軽い気持ちで載せたのでしょうが、逆の立場だったらどう思うでしょう。相手の気持ちを推し量れない人と思われても仕方ありません。すぐに、そのブログから写真を削除してもらいましょう。

プライバシー権とは、本人に無断で私生活をみだりに公開されない権利です。また、許可なく写真を撮影したり、写真を無断で公表したりすると「プライバシー権としての肖像権の侵害」となり、このケースの場合はこれにあたります。肖像権は、法律で明文化されていませんが、判例などで認められている権利で

す。すべての人にプライバシー権としての肖像権があります。

　ネット上に写真が公開されると困るのは、誰でも簡単にデータをコピーでき、本人の知らないところでデータが一人歩きしてしまうことです。その結果、ネットストーカーをされるきっかけになったり、ヌード写真と合成した画像を作成して公開されたりするなど、さらに被害が大きくなることがあります。

　削除するよう求めても一向に削除する気配がなければ、ブログを運営しているプロバイダに削除要求を出しましょう。プロバイダは、正当な理由による削除要求に応じなければ、削除義務違反で損害賠償責任を負うこともありますから、対応してくれるはずです。

問題の整理

◀ 写真を削除するように伝える
◀ 削除されているか確認
◀ ダメなら肖像権の侵害と伝える
◀ プロバイダに削除要求をする

はい
プロバイダ
すぐに
削除して
ください
プライバシーの
侵害です!!

minpo clip

民法クリップ

●パブリシティー権としての肖像権
　肖像権にはもう一つ、芸能人や著名人に認められている財産権としての肖像権があります。

　芸能人などの肖像は経済的な価値を持つため、これを第三者がブログなどで使用すると、財産権を侵害したことになり、損害賠償請求をされることもあります。

●プロバイダ責任制限法
　情報流通によって権利を侵害された人からの申し出に対して、法的なリスクを負わず、削除や情報開示など適切な措置を講ずることができるよう、定められた法律。

　削除や情報開示などの措置をとった場合、プロバイダは発信者に対する損害賠償義務を免れるなどの規定があります。

37
100

事例

ブログに会社のことを書いていたら、「解雇されるよ」と言われたのだけど、ホント？

会社でちょっと嫌なことがあるたびに、ブログに愚痴っていたところ、同じ会社の人に見つかり、「そんなことをしていると解雇になるよ」と厳しく注意されました。会社名や当事者の名前は出していないし、これは個人的なものです。それでも解雇されるのですか？

アメリカではすでに、ブログへの書き込みが原因で懲戒解雇をされるということが相次いでいます。

たとえば、インターネットの検索エンジンでも知られるアメリカのグーグル社では、新入社員が会社での体験や印象を賞賛と批判を織り交ぜて書き綴ったものが、会社に見つかり、解雇になっています。

アメリカでは、匿名であろうがなかろうが、会社名を出しているか否かにかかわらず、会社の情報を流せば解雇処分の対象にされる傾向にあります。日本でもそうなりつつあるでしょう。

ブログは個人の楽しみであり、本来なら、会社に干渉されるべきものであり

ませんが、会社と従業員の間には「秘密保持契約」が結ばれています。雇用契約を結ぶ際や在職中に、「業務上知り得た秘密を他に漏らしてはならない」といった文が盛り込まれた契約書にサインした覚えはないでしょうか。あるいは、就業規則に書いていないでしょうか。このため、ブログに会社の情報を書き込めばルール違反として解雇の対象になってしまうのです。

また、秘密保持契約に関する文言の中に、「在職中はもちろん、退職後も機密を漏らしてはならない」とあれば、退職後に辞めた会社の情報をブログに書けば、損害賠償請求される可能性もあります。

ブログには会社の愚痴を具体的に書くのは控えましょう。匿名でも、見る人が見れば、すぐにわかってしまいます。

もう辞めてもらう!
そんな〜個人の自由なのに
あれは業務上の秘密なんだ!!
だから解雇処分!!
と一ぜんダロッ!
え〜ん

minpo clip

民法クリップ

●アメリカではこんな事件も…

ブログでの書き込みが原因で懲戒解雇になった事件は、まだまだあります。

アメリカのデルタ航空の客室乗務員がブログで、会社名は伏せていたものの、制服姿でポーズをとっている自分の写真を掲載したことで解雇処分になってしまいました。

●外出先などでも注意

会社や仕事に関する話は、居酒屋やレストランなど、多数の人が集まる場所でもしないよう、気をつけましょう。電車や喫茶店などでも要注意です。

MINPO COLUMN

38/100

ブログは公開日記、いわばフリーペーパー。

ブログを利用する人は今も増え続ける一方で、トラブルも増えています。よくあるのが、軽い気持ちで書いた日記に、ある日突然、批判や中傷コメントがたくさんつき、収拾がつかなくなってしまうというもの。「炎上」などといわれ、ウェブサイトの閉鎖に追い込まれることもあります。そこまでいかなくても、ちょっとした言葉の言い回しが原因でケンカになってしまうことはしょっちゅうです。

ブログは日記形式で自由に書き込めますが、忘れてはいけないことがあります。それはブログは世界に公開しているフリーペーパーのようなものだということ。間違えて個人情報を流してしまえば、収拾はできず、インターネット上にいつまでも残ることになります。

また、よく好きなタレントの写真やキャラクター、漫画の一部などをブログに貼りつけている人がいますが、これは、「著作権」を侵害することになり、損害賠償請求をされることがあります。こうしたリスクをよく知った上で活用するようにしましょう。

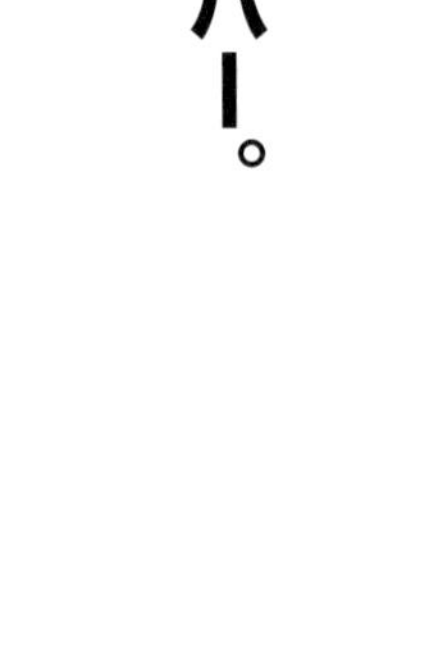

Chapter4

第四章

仕事の民法相談

39 100

出張で貯まったマイルを使って旅行に行ったら、「横領だ」と言われた。返さないといけないの!?

事例

先日、有給休暇をとって2泊3日の沖縄旅行に行きました。その際、会社の出張で貯まったマイル（マイレージサービス）で彼とわたし2人分の航空代を浮かせることができました。ラッキー！　と思っていたのですが、同僚が上司に告げ口をしたらしく、会社に追及されています。返さないといけないの？

会社の経費で飛行機に乗り出張に行っているわけなので、それにともなうマイルは、当然、会社の財産になります。それを自分のマイレージカードに貯めることは、厳密にいえば会社の財産を勝手に自分のものにしたということになります。その分は会社に損害を与えたことになってしまうので、会社からマイルを返還するよう請求されたら、返還しなくてはいけません。

会社の経理担当者が、会社のお金を持ち逃げすれば横領になりますが、マイルも同じことです。たとえ、少額でも横領になってしまうのです。

マイルだけでなく、量販店のポイントカードのポイントも同様です。また、出張費の水増し請求をしたり、虚偽の申告をして通勤手当を多くもらって自分

のお小遣いにしたりということも、すべて横領になります。少額とはいえ、会社のお金と自分のお金の区別をきちんとするようにしましょう。それができていないような人は、社会人としての信用を失います。

会社に追及されているのであれば、悪びれたり、開き直ったりせず、素直に誤解していたと話し、謝りましょう。よほど悪質でなく、反省した態度を見せれば、会社も大目に見てくれるかもしれません。実際、マイルやポイントに関しては、少額であることと、会社も被害の実態を把握できずにいることから黙認されていることが多いようです。そのため、マイルは個人のものと考えられがちのようです。しかし、違法行為で、「刑事罰」に問われる可能性もあるので、注意しましょう。

minpo clip

民法クリップ

●刑事告訴されることも!?

マイルの場合、少額なので、事件にまで発展するケースは少ないのですが、悪質な場合や高額な場合には、会社に「業務上横領罪」で刑事告訴されてしまうこともあります。

●勤務中の株売買は避けましょう

パソコンや携帯電話を使ったデイトレードが盛んに行われるようになりましたが、勤務中に取引するのはやめましょう。職務専念義務違反として処分の対象になることがあります。

40 100

社内のプロジェクトチームの同僚が、取引先とのメールを盗み見ていた！　プライバシーの侵害になる？

事例

会社であるプロジェクトを任され、はりきって仕事をしていました。ところが、私が外出している間に、プロジェクトチームの同僚が勝手に私の取引先とのメールを盗み見ていたことが発覚。「仕事の進行状況が気になったから」と言うのですが、これはプライバシーの侵害では？

仕事の進行状況が知りたければ、直接、本人に聞けばよいことで、いくら業務上のメールとはいえ、勝手に見るというのは、受け入れがたいですね。

このケースの場合、まずは、上司に相談してみましょう。そして、どういう目的であなたのメールボックスを開けたのか、明らかにする必要があります。

会社のパソコンは会社の備品であり、サーバーも会社の財産ですから、上司や会社が社員のメールを監視するということはあります。とくに、最近では顧客情報や機密情報漏れを防ぐために、私用メールを禁じ、メールの中身を監視するという会社が増えてきました。

会社の就業規則の中にその旨が書かれていることもあります。しかし、業務

上で、社員がほかの社員のメール履歴を見る場合があっても、いきなり見てしまうのはどうでしょうか。あらかじめ社員にそのことを伝えるとか、上司の立ち会いのもとで見るとか、見るのは履歴と件名だけで全文までは見ない、などの制約をつくり、社員のプライバシーに配慮することが不可欠です。

　裁判例を見ても、会社によるメール監視が常に許されるのではなく、社会通念上の範囲を超えた監視がなされた場合には、プライバシーの侵害になります。まして、社員が社員のメールボックスを勝手に開け、メールを盗み見ていたとしたら、顧客情報や社内の機密情報漏れにもかかわることです。会社は、きちんと調査する必要があります。

問題の整理

◀ **まずは上司に相談**

◀ **メールを見た理由を明らかにする**

◀ **理由によって和解**

◀ **今後はルールをつくる**

メールの管理は社内ルールを守って!
すみません

minpo clip

民法クリップ

●会社で私用メールはダメ?

　会社で使っているパソコンは、あくまで会社が仕事用に所有しているものです。そのため、法律的には、会社は就業規則などで、社員が私用目的で利用することを禁止でき、その使用状況は中身を閲覧・監視できることになっています。

　ちなみに、会社から支給された携帯電話のメールも私用では使わないよう気をつけて。

41 100

事例

上司に誘われ、2人で食事に出かけたら お尻や手を触ってきた！ もう会社に行きたくない。

先日、「ちょっと話がある」と上司に言われ、最近、仕事で起きたトラブルのことかなと思い、2人で食事に行きました。案の定、その話だったのですが、その後、2軒目にしつこく誘われ、歩いている道すがら手を握ったり、脚やお尻など身体を触られました。これってセクハラですよね！

会社にセクハラ（セクシャル・ハラスメント）対策部署などがあれば、すぐに相談しましょう。なければ法務部や人事部に。いきなり、そうしたところに相談しにくいという人は、身近な女性の先輩やほかの信頼できる上司に相談してもいいでしょう。

「男女雇用機会均等法」では、セクハラが起きない職場環境をつくるよう、会社に努力義務を課しています。もしも、あなたの訴えを会社がきちんと取り上げ、調査や適正な処分をしなければ、この上司とともに、会社を訴えることができます。

職場はあくまでも仕事をする場です。私情を持ち込まないのがルール。仕事の話であれば、会議室などを利用すればよいのであって、部下である女性のトラ

ブルやミスにつけ込んで食事に誘うこと自体、すでにルールを逸脱しています。

さらに、2軒目にしつこく誘ったり、身体を触るという行為はケースによっては「強制わいせつ罪」になる可能性もあります。また、あなたが会社で働く環境を害し、精神的な苦痛を負わせた不法行為として、慰謝料を請求することができます。食事に誘われたときのメールなどは証拠として残しておきましょう。

セクハラは、性的な冗談、からかい、食事やデートの誘い、身体への接触、「恋人はいるのか」「結婚はまだか」といったプライバシーの干渉、ヌードポスターの掲示など、どれも、女性が不快だと思えば成立します。不快だと感じたら、「不快」「嫌」「NO!」という意思表示を普段からすることが大切です。

問題の整理

信頼できる人に相談する
▼
法務部、人事部などに通報
▼
セクハラをやめてもらう
▼
ダメなら、慰謝料請求の訴えを起こす

minpo clip

民法クリップ

●セクハラを受けたら

セクハラを受けてしまったら、その時々に記録をつけておくようにしましょう（日記など）。見ている人がいたら、その人にも報告書などの形で、文書化しておいてもらうなどの対策もしておいて。

●食事に誘うだけでもNG!

管理職の男性がメールで職場の女性社員に対して、食事やデートの誘いをしていたということで、解雇が認められた裁判もあります。上司などに食事に誘われたらハッキリ断りましょう。

42/100

事例

新入社員の男の子を教育するつもりで「男のくせに～」と叱ったら、「セクハラ」だと言われた。そうなの？

新入社員の男の子と一緒に仕事をしてるのだけど、何だかいつもウジウジしていて、イライラさせられっぱなし。ちょっと忙しくなるとネをあげるので、つい「男のくせに根性がないわね！」と言ったら「それはセクハラだ。訴える」と言われてしまいました。どうしよう～。

「男のくせに根性がない」「それでも男か！」といった言葉は、セクハラになります。「だから女は使えないんだよ」と男性の上司が女性の部下に言ったことと同じ。言い方が悪かったとすぐに謝りましょう。

まず、新入社員の〝男の子〟という言い方も改めたほうがいいですね。男性の上司が「新入社員の女の子がねぇ～」と話していたら、やはり、不愉快ではありませんか？　彼は会社に仕事をしにきている1人の社員です。経験は浅いけれど、立派な社会人です。一緒に仕事をする仲間という意識を持って接するようにしましょう。

セクシャル・ハラスメントは、男性が女性に性的な嫌がらせをすることに限

りません。当然、その逆もあり、女性の上司によって男性が性的な嫌がらせを受け、精神的な苦痛を負った場合は、慰謝料を女性に請求することができます。たとえば、社内の飲み会などで、男性が嫌がっているにもかかわらず、抱きついたりした場合は、「強制わいせつ罪」にも問われる可能性があります。また、会社の対応も問われ、場合によっては、使用者責任を問うこともできます。

結婚しても仕事を続け、キャリアを積む女性が多くなった分、知らず知らずのうちに相手に不快な思いをさせていないか、女性もきちんと考えなければいけない時代がきたといえるでしょう。そして、部下を叱るときは、決して感情的にならず、改善すべき点を明確に示すことが大事です。相手の人格を攻撃したりすれば、いじめやセクハラになり得ます。

minpo clip

民法クリップ

●セクハラチェックリスト

気づかないうちにセクハラをしていませんか？　ここでチェックしてみましょう。

□性的な経験について、尋ねたことがある
□容姿や身体について、よく話題にする
□「センスがない」など、服装について発言した
□男性社員を「男の子」「おじさん」と呼んだことがある
□「結婚しないの？」と聞いたことがある
□嫌がるのに、たびたび飲みに行こうと誘うことがある
□嫌がるのに、お酒をすすめた
□酔って身体に触った
□交際を迫ったことがある

43
100

上司にいつもクドクドと執拗に叱られ、精神的にまいってしまう。これってパワハラでは？

事例

上司は女性なのですが、どうもわたしのことを嫌っているみたいで、小さなミスを見つけては、ネチネチ、クドクドと小言を言います。「成果が出せないなら、辞めてしまえ」とも言われました。周囲も見て見ぬふり。このままではノイローゼになってしまいそうです。

権力を笠に着た上司から部下への嫌がらせやいじめ、これを「パワー・ハラスメント」といいます。部下の仕事上の成長を期待してのことである、と上司は思っていても、部下が精神的に追いつめられ、心身に異常をきたすほどになれば、間違いなく、パワーハラスメントです。

話をしてわかりあえる上司なら、直接、上司に嫌がらせをやめてほしいと訴えてもいいのですが、往々にして、それをきっかけにさらに、嫌がらせやいじめが進行することがあります。その上司の上の人など、会社の中で相談できる人がいたら、相談してみましょう。

また、労働基準監督署に相談するのも一つの方法です。その場合は、嫌がら

せやいじめを受けたことをメモしておいたり、上司との会話を録音しておいて記録を残しておくほか、周囲の同僚や先輩にもこんな風に自分は辛い思いをしているといった相談をしておくなど、証拠をつくっておくことが必要です。

とくに、会社自体が、上司が権力を笠に部下を執拗にいじめるといった風潮、体制であれば、会社の使用者責任を問うことになりますから、ますます証拠集めが重要になります。

労働基準監督署では、「個別労働紛争解決促進法」に基づいて、調整委員会による斡旋や解決に向けた助言や指導を行っています。それでも解決しないときは「労働審判制度」を利用し、和解調停に持ち込むようにしましょう。

問題の整理

▼

上司の上の役職にいる人、人事部などに相談

▼

嫌がらせやいじめの証拠を収集。周囲にも相談する

▼

労働基準監督署に相談

▼

和解、または訴訟へ

minpo clip

民法クリップ

●それでも解決しないとき

労働基準監督署では、個別労働紛争解決促進法に基づいて、調整委員会による斡旋や解決に向けた助言や指導を行っています。相談しても解決しないときは、2006年4月から始まった「労働審判制度」を利用するといいでしょう。原則として3回の審判で和解調停に持ち込むことができるので、負担が軽く、スピード解決が望めます。和解調停にならない場合は労働審判委員会が審判を出し、それに不服があるときは、異議を申し立て、訴訟になります。

44 100

事例

同じ部署の男性と不倫していることがばれて、社内で誹謗中傷メールが出回ってしまった…。

同じ部署の先輩とわたしが不倫をしているといった内容の誹謗中傷メールが社内に出回りました。不倫は事実なのですが、「○○子は遊び好きな女で下半身がだらしない」「不倫常習犯」などのひどい誹謗中傷が展開されていて、もう恥ずかしくて会社にいられません。慰謝料を請求したい。

公然と具体的な事例を挙げ、その人の社会的評価を低下させるようなことを告げ、その人の名誉を毀損した場合は、内容が真実かどうかにかかわらず、「名誉毀損罪」になります。「公然」とは、不特定または多数の人が認識する状態のことをいい、メールであっても、数人の人に送れば、公然にあたります。まして、社内中にメールを送信したのであれば、名誉毀損罪は確実で、悪質なケースといえます。

まずは、誰がそのメールを送ったのか、サーバーを管理している会社に調査をしてもらいましょう。社内で発生した誹謗中傷メールの発信源を確かめるために、特定人物のメールファイルを会社が監視しても、プライバシーの侵害に

はなりません。会社としても、このような誹謗中傷メールを送る社員を見過ごすわけにいかないのです。送信した相手がわかったら、送信履歴などの証拠を持って警察に行き、告訴しましょう。名誉毀損罪は3年以下の懲役、もしくは50万円以下の罰金に課せられます。また、民事上でも不法行為として、慰謝料などの損害賠償請求をすることができます。弁護士に相談してみてください。

ちなみに、このメールをきっかけに、あなたと不倫相手の彼が会社に居づらくなることはあるでしょうが、会社は不倫を理由にいきなり解雇することはできません。女性だけが解雇で、男性は訓告のみという差別的な処分も許されません。この後の会社の対応によって、もし不利益を受けるようなことがあれば、この点についても弁護士に相談しましょう。

minpo clip

民法クリップ

●名誉毀損罪が成立するとき

よくテレビドラマなどであるシーンですが、不倫相手の配偶者が、不倫をしている方の会社の上司に電話をしたり、勤務先に乗りこみ、不倫を公然と暴露するといったことは、名誉毀損罪に該当しますので注意が必要です。

民事上も不法行為として慰謝料が認められます。

納得できないものは、きちんと法にのっとり、筋を通して抗議することが大切です。

45 100

地方への転勤を拒否したら、子会社に左遷になった。嫌がらせとしか思えない。拒否できる？

事例

わたしは夫婦共働きで子どもがまだ2歳。営業の仕事をしています。先日、地方への転勤命令が出たのですが、子どもが小さいことを理由に拒否をしました。夫と2歳の子どもを残して転勤などできません。そうしたら、今度は子会社に左遷となりました。嫌がらせとしか思えません。

労働契約や就業規則に「会社は必要に応じて転勤を命ずることがある」と書いてある場合は、転勤命令に従うことに同意して入社したことになります。これによって、会社は社員の同意を得ずに転勤命令が出せることになっています。とくに、全国的に営業所や支店がある会社では、転勤があることを前提に入社したと考えられ、転勤を拒否することは許されないというのが一般的です。転勤拒否を理由に、解雇されることもあります。

とはいえ、実際、転勤は、社員の生活にさまざまな負担や不利益を与えます。その負担・不利益が深刻な場合には転勤拒否が認められる場合があります。世話をしなければならない家族がいたり、転勤になると家族の生活基盤が失われ

てしまうようなときですが、家族の生活を夫婦で担うという利益を犯された、つまり、単身赴任になってしまうという程度では、転勤拒否は認められません。

しかし、２００１年の「育児介護休業法」の改正では、「事業主は、転勤を命じることで子の養育または家族の介護を行うことが困難となる労働者がいるときは、当該労働者の子の養育または家族の介護の状況に配慮しなければならない」という条項が設けられました。

もし、転勤を拒否したことによる応酬で子会社へ転籍になったのであれば、配転命令の権利濫用として、転籍命令の無効を訴えることができます。労働基準監督署などに相談してみましょう。

問題の整理

転勤の拒否は認められない ◀
負担が深刻であれば認められる ◀
転籍命令の無効を訴える ◀
労働基準監督署などに相談

minpo clip

民法クリップ

●職場のトラブル相談先

◆全国の労働基準監督署の問い合わせ先、所在地は次のＵＲＬへアクセスすると見ることができます。
http://www.mhlw.go.jp/bunya/roudoukijun/location.html

◆日本労働弁護団
弁護士が無料で電話相談に応じてくれる「労働相談ホットライン」を開設しています。詳しくは次のＵＲＬにアクセスしてみて。
http://homepage1.nifty.com/rouben/

46 100

そろそろ出産を考えていて、出産後も働きたい。労働基準法ではどうなっているの？

事例

結婚して3年、今の職場には5年います。30歳を過ぎたので、そろそろ出産をと思っているのですが、会社に産休や育児休業の規定があったか定かではありません。産休中のお給料はどうなりますか？　また、産休や育児休業がとれても、今の部署、仕事に戻れるかどうか心配です。

就業規則に産休や育児休業に関する規定が書かれていなくても、産休については労働基準法、育児休業については、「育児・介護休業法」で定められています。

産前は出産予定日の6週間前から、産後は出産日の翌日から8週間、連続して休暇をとることができます。パートやアルバイトで働いている人も正規社員と同じように産休がとれ、欠勤扱いにしたり、退職を強要するようなことは禁じられています。産休中の給与は法律的には保障されていませんが、健康保険で、出産一時金とともに給料の6割が支給されます（出産手当金）。

育児休業については、子どもが満1歳になるまで継続して休業できると定められています。保育所に入所を希望しているけれど待機児童が多くて入所でき

ないなどの理由があるときは、子どもが1歳半になるまで育児休業できます。育児休業中は、ほとんどの会社では無給扱いになりますが、一定期間雇用保険に入っている人は、給料の3割が雇用保険から支給されます（育児休業給付金）。

また、育児・介護休業法では、育児休業をしたことを理由に解雇はもちろん、減給や降格、不利益な配置の変更をさせてはいけないと定めています。原則として、原職（もとの職場）に復帰させなければなりません。会社は、もとの職場にスムーズに戻れるよう、休業している間も、メールなどで連絡をとり、社内の情報を流したり、復帰前や直後に教育訓練などをする必要があります。まずは、自分の会社の規定、取り組みについて調べてみましょう。

問題の整理

◀ **会社の規定を調べる**

◀ **産休中の場合は労働基準法を見る**

◀ **育児休業中の場合は育児・介護休業法を見る**

◀ **休業中も会社と連絡をとる**

minpo clip

民法クリップ

●男性の育児参加を促すワーク・ライフバランスに期待

ワーク・ライフバランスとは、仕事と勉強、健康や家庭などの私生活をバランスよく両立させるという考え方です。

近年会社が従業員のワーク・ライフバランスを支援していくことは従業員の個々の能力を引き出し、質の高い仕事をしてもらうために不可欠であると考えられるようになってきました。

従業員のワーク・ライフバランスを支援する会社が増えれば、育児中の女性も働きやすくなるし、男性の育児参加も期待できます。

47/100 有給休暇をとりたいと言ったら、忙しい時期だからダメと拒絶された

有給休暇は、「労働基準法」で決められていて、フルタイムで働いている場合は勤務して半年で10日の有給休暇が発生します。

基本的に会社は、労働者が有給休暇をとりたいと申し出たら断ることはできません。「忙しいから」「人手が足りないから困る」などという理由で、拒絶することはできません。その人がその日にいないと、事業の正常な運営ができなくなってしまうというときだけ、休む日を変更できる時季変更権があり、「ほかの日にしてほしい」と言うことができます。この点を指摘して、もう一度、交渉してください。

48/100 残業が多くて辛い。生理痛がひどいときは休みたいのだけど…。生理休暇ってあり？

労働基準法では、1日8時間、週に40時間を超える労働は原則として認められていません。

これを超える時間を働いてもらいたいときは、労働組合などと労使協定を結ばなければいけません。この協定で、業務の内容や残業の理由、時間、日数が決められています。

あなたの会社ではどのような規定になっているのか調べ、規定を超えるようであれば、抗議をしましょう。また、労働基準法に、生理日の就業が著しく困難な女性が休暇を請求したときは、その者を生理日に就業させてはならないと定められています。

49/100 勤務中に個人のブログを更新していたら、厳重注意されてしまった

勤務時間中に職場のパソコンを使って、自分のブログを更新したり、コメントを入れたりという行為は、「職務専念義務違反」にあたります。

繰り返し注意を受けているにもかかわらず、やめなければ、解雇される可能性もあります。会社は独自でサーバーを持っていますから、通信履歴を見ればすぐにわかってしまいます。また、勤務中の株の売買なども同様です。会社のパソコンを使用しなくても、勤務中はＮＧ。昼休みに携帯電話で取引する場合も、取引が気になって仕事に差し障りがあるようであれば、処分の対象になります。

50/100 忙しい日が続き、追いつめられ、うつ病になってしまった

医師の指示に従って、少し休養しましょう。うつ病と診断され、その原因が業務による強いストレスがあったこと、業務以外のストレスや個人的な事情で発病したのではないということを証明できれば、労災として認められる可能性があり、給付を受けることができます。

会社には、職場環境の安全を図る義務、いわゆる安全（健康）配慮義務があります。改善策を講じなかったり、会社に従業員の安全と健康を配慮する動向が見られなかった場合には、慰謝料などの損害賠償請求をすることができます。

MINPO COLUMN

51/100

上司のセクハラ行為や横領などの告発メールは名誉毀損になる？

「職場の女性社員が上司からセクハラを受けている」「上司が経費を水増し請求している」「会社の資産を私物化している」などといった告発・批判メールを社内中に流した場合は、名誉毀損になり得ます。告発をするなら、法令や各種ルールが守られているか監視する倫理部やコンプライアンス部門といった企業内の相談窓口、監督官庁にするなど、告発先と告発の方法を考える必要があります。名誉毀損は、その内容が事実であるか否かにかかわらず、特定の人の社会的評価を低下させる行為があれば成立します。告発であっても、損害賠償請求をされたり、懲戒解雇などの処分を受ける可能性があるのです。

しかし、その告発が正当であれば、名誉毀損にはなりません。正当性は、①告発で指摘された事実が真実であること、②目的が公益性を有すること、③その事実が公共（組織など）の利害に関する重要なこと、この3つを満たしている場合に認められます。裁判になると、この点が争われるので、告発する際は内容について細かく調査し、証拠を集めておく必要があります。

Chapter5

第五章

お買い物の民法相談

52 100

事例

細身のジャケットを試着したらビリッと音が…。わきの下の部分が破れてしまった！

気に入ったデザインのジャケットがあり、細身なのが少し気になったのですが、思いきって試着してみました。ところが、「よし着られた！」と思った瞬間、ビリッと不吉な音が。ガーン。なんと、わきの下が破れてしまいました！　どうしよう～。弁償しないとダメ？

「アタシだって細身のジャケットくらい着られるわよ！」と思っても、現実は厳しい。細身のジャケットにパンツ、ブーツと、「いったいどうして最近は、スリムデザインが流行っているのよっ！」と悪態をつきたくなります。

さて、試着して破れてしまった洋服ですが、「故意に破ったのではなければ、弁償にはおよびません。そんなことを気にせず、また買いに来てくれると嬉しい」という太っ腹なスタンスをとっているお店もあるので、まずは、正直に申し出て、丁寧に謝りましょう。あなたがそのお店のお得意様で、かつ、店にとって嫌な客でなければ、弁償を免れる確率は高くなります。

しかし、あきらかに自分の体型に合わないのに、無理に試着しようとして、

ジャケットが破れてしまった場合は、民法上の「不法行為」にあたる可能性があり、弁償する義務が生じます。試着する洋服というのは売り物です。商品を試着する以上、汚したり傷つけたりしないよう丁寧に扱わなければいけない「注意義務」は客側にあります。そのため、無理に試着したことによって生じた損害は、賠償しなければなりません。破れた部分が小さく、修復すれば新品同様になるのであれば、修復にかかる費用のみ、修復が不可能であれば、洋服代を全額賠償しなければなりません。つまり、不法行為によって破損したものは買い取りということです。

いくら洋服のデザインが気に入っても、肝心なのは、それを着たときの自分のスタイル。無理に試着をする前に、店員に相談しましょう。

minpo clip

民法クリップ

●試着前はフィッティングアドバイザーに相談

百貨店には、日本百貨店協会が認定するフィッティングアドバイザーという資格を持った販売員がいます。サイズが心配なときは、販売員に相談を。

●リサイクルまたは衣料ボランティアも

不要になった衣類は、リサイクルショップに売るか、衣料ボランティアで再利用してもいいでしょう。

NPO法人日本救援衣料センターでは、世界各国の難民や避難民、被災者に衣料品を寄贈しています。http://www.jrcc.or.jp/

53 100

事例

スーツをクリーニングに出したら、ポツンと小さな穴が…。弁償してもらえる？

ウール素材のスーツをクリーニングに出したところ、仕上がりを見たらジャケットに小さな穴が！　それも、前身ごろの目立つところにあります。虫食いのような穴で恥ずかしい。もう会社には着ていけません。クリーニング店に弁償してもらえるでしょうか。

Ｓマークやゃ LDマークが掲示されているお店、もしくは、そのクリーニング店独自の事故賠償基準を設けているところなら大丈夫。店側のミスによる事故であれば、賠償してくれます。ただ、もともと少しほつれていたという場合もあるので、ほつれや穴などがないか、チェックしてからお店に持っていきましょう。

民法上では、クリーニング店のミスで穴があいたり、縮んだりなどした場合には、店側に損害賠償責任があるとしていますが、一般消費者が店の過失を立証するのは難しい場合もあります。そのため、クリーニング業界では、トラブルを迅速に解決するための自主ルールを作成しています。それが、ＳマークやＬＤマークです。

Ｓマークのお店は、厚生労働大臣が認可した「クリーニング業に関する標準営業約款」に基づいて営業している店。ＬＤマークのお店は、各都道府県のクリーニング生活衛生同業組合に加盟しているクリーニング店。いずれも、クリーニング事故賠償基準に基づいて、トラブルに対応しています。

ただし、消費者が洗濯物を受け取ってから６ヵ月を経過したものについては、賠償の対象外になります。早めにクリーニング店に行き、相談してみましょう。

また、外国で買ったものなどには、洗濯表示がきちんとついていないものがあり、その場合、クリーニング店に責任を問えないケースもありますので、クリーニングに出す前に注意が必要です。

問題の整理

◀ クリーニングに出す前にチェックした？

◀ Ｓマーク、ＬＤマークがついている？

◀ クリーニング店へ行き、相談

賠償してくれることも

もう着れないじゃない!!
それは確かに
賠償させてもらいます
コリャヒドイ…

minpo clip

民法クリップ

●クリーニングに出す前の確認事項

□シミや汚れはどこにあるか。
□ほつれや穴あきなどはないか。
□洗濯表示は、ドライクリーニングＯＫになっているか。
□色落ち、変色する素材ではないか。
□ボタンがとれそうになっていないか。

●受け取り後の注意点

クリーニング店から引き取った洋服は、すぐに、ビニールカバーを外しましょう。カバーをつけたまま保管していると、変色やシミの原因になります。また、たまに虫干しするとよいでしょう。

54 / 100

事例

スーパーで買ったお惣菜を食べたらその夜、おなかを壊してさんざんな目に…。

スーパーのお惣菜コーナーで買ったかき揚げを食べたところ、その夜、吐き気と同時に、激しい腹痛に襲われ、下痢に…。あまりにひどく、辛かったので、救急車を呼んで病院へ。ノロウイルスに感染したと言われました。治療費など請求できる?

最近、ノロウイルスやO－157、ボツリヌス菌、カンピロバクター、サルモネラ菌などといった細菌汚染による食中毒が増えています。食あたりを起こしたら、なるべく早く医師に診てもらいましょう。ノロウイルスのように症状が治まった後も、ふん便中にウイルスを排出し続ける場合もあるので、医師の注意をよく聞く必要があります。

何らかの理由によって、惣菜がもしノロウイルスに汚染されていたとなると、これを作って売ったスーパーは、「食品衛生法違反」で業務停止になります。また、あなたは、「製造物責任法（ＰＬ法）」による損害賠償請求をすることができます。

製造物責任法（PL法）では、購入した商品（製造物）の欠陥によって生命や身体、財産に損害をこうむった場合には、商品に欠陥があったこと、それによって損害をこうむったことなどを立証すれば、製造メーカーの過失の有無にかかわらず、メーカーに対して損害賠償請求をすることができます。

この法律では、損害賠償の請求先は、売り主ではなく製造元になります。惣菜を作っていたのがスーパーであれば、スーパーへ。メーカーが惣菜を作って、スーパーに納品している場合は、メーカーに損害賠償を求めることができます。病院で診てもらった診断書と領収書、惣菜を買ったときのレシートなどを持って、スーパーのお客様相談窓口に苦情を言いましょう。解決しない場合は、最寄りの消費生活センターに相談してみましょう。

minpo clip

民法クリップ

●食品衛生法でも規制されています

不衛生なものの製造、販売、輸入は食品衛生法によって禁止されています。また、食品や添加物などによって中毒症状を起こした患者を診察した医師は、直ちに最寄りの保健所長に届け出なければなりません。

●食品の安全性で疑問を持ったら…

（社）日本食品衛生協会では、厚生労働省の委託を受けて、「食品安全情報相談室」を設置。さまざまな相談を受け付けています。http://www.n-shokuei.jp/

55
100

街で「今、幸せですか？」と声をかけられ、自己啓発セミナーに申し込んでしまったけど、取り消したい。

事例

街を歩いていたら、突然「今、幸せですか？」と声をかけられ、つい話に応じてしまいました。そしたら喫茶店で3時間ほど軟禁状態に。人生の転機になるセミナーだとしつこく勧誘され、高額なセミナーに申し込んでしまいました。取り消したいのだけど…。

街で突然声をかけられたときは用心しましょう。これはキャッチセールスという典型的な悪質商法です。

なかでも最近、30代の女性が被害にあうケースで多いのは、「今、幸せですか？」「転換期ですね」「手相を見せてください」などと声をかけ、自己啓発教材やセミナー、壺、印鑑などの高額商品やサービスを購入させるもの。「セミナーを受ければ、気持ちが前向きになり、性格が変わる」とか「このままでは不幸になる。この印鑑を買わないと運勢が変わらない」などと、人の悩みや不安につけ込み、言葉巧みに説得して申し込みをさせようとします。

キャッチセールスは、不意打ちの勧誘行為なので、「特定商取引法」で訪問

販売と見なされ、クーリング・オフすることができます。

訪問販売の場合のクーリング・オフは、契約書をもらった日を1日目と計算して8日以内であれば、理由を問わず一方的に契約を解除することができます。違約金を請求される場合もありますが、それも特定商取引法で無効とされます。

「しまった…」と思ったら、すぐにクーリング・オフの通知を業者に送りましょう。後で言った言わないのトラブルになることを避けるため、必ず書面で行います。ハガキに「クーリング・オフします」という旨を書き、簡易書留か配達記録郵便で送付します。クレジットを利用している場合は、クレジット会社にもクーリング・オフをしたことを通知します。

問題の整理

▼

契約書をもらってから8日以内

▼

ハガキにクーリング・オフの通知を書く

▼

簡易書留か配達記録郵便で送る

▼

業者からの連絡を待つ

しまった！また買っちゃったよ…
クーリング・オフするかあ……
幸せになる壷

minpo clip

民法クリップ

●クーリング・オフの文面は？

クーリング・オフの文面には次のことを記載しておきましょう。

・「契約解除の通知書」
・「平成○年○月○日付けで貴社と締結した契約を解除します」
・商品名、価格　担当者名
・「つきましては、契約の締結に関して支払いました金○○円をすみやかに返金してください」
・日付、氏名、住所

封書よりもハガキに書き、さらにはそのハガキをコピーして保存しておくと安心です。

封書で出したケースで、業者に「封筒の中は空だった」と言われてしまったケースもあります。

56 100

事例

通販カタログで注文したソファが届いたけど色やイメージが写真と違う！

通信販売のカタログを見て、クリーム色のソファを注文しました。ところが、届いたソファを見てあ然。クリーム色だと思っていたけど、実際は黄色に近く、生地の質感もカタログの写真のイメージと違います。気に入らないので、返品したいのですが…。

クリーム色のソファを注文したのに、真っ赤なソファが届いたとか、1人掛けのソファを注文したのに、届いたのは3人掛けのソファだったなど、注文したのとあきらかに違う商品が届いた場合は、民法の「債務不履行」となり、注文したソファと交換できます。

しかし、カタログの写真と色がなんとなく違う、イメージが違うといった場合は、債務不履行にはなりません。また、通信販売は、カタログの写真や商品情報を見ながらじっくりと考えて商品を選択できることから、「特定商取引法」のクーリング・オフも適用されないのです。

とはいえ、カタログの写真とイメージが違う、サイズを間違えた、生地の触

り心地がよくないなど、想像していたものと違うということはよくあります。そのため、多くの通信販売業者では、送料だけの負担で返品ができるなどの返品特約を設けています。返品特約（返品についての当事者間における特別な合意）のある会社であれば、イメージと違うといった理由でも返品できるはずです。

さらに、特定商取引法では、返品特約の有無や内容について、カタログなどにきちんと記載するよう義務づけています。注文をする前には、必ず返品特約の有無や、どのような条件になっているかなどを確かめるようにしましょう。カタログなどに何も記載がない場合でも、経済産業省では、返品に応じるようにと指導しています。業界団体でも、10日ほどの返品期間が望ましいとしています。

minpo clip

民法クリップ

●トラブルが起きたら通販110番へ

通信販売業者との交渉が上手くいかない場合は、通販110番に電話してみましょう。（社）日本通信販売協会に設けられた通信販売専門の消費者相談窓口です。

電話、またはウェブサイトからメールでも受け付けています。詳しくは次のURLにアクセスしてみて。

http://www.jadma.org/02oshirase/02g-tsuhan110.html

57/100 訪問販売で購入した下着。着用したらクーリング・オフできないと言われた

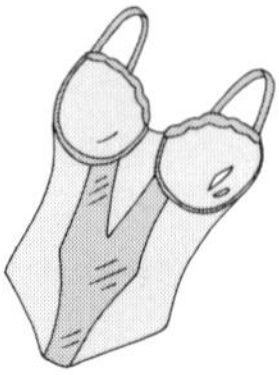

〝着用したらクーリング・オフできない〟というのはウソです。このようなウソで、消費者がクーリング・オフする機会を逃してしまったとしたら、クーリング・オフ妨害にあたります。

「特定商取引法」では、クーリング・オフ妨害があったときの手続きを定めていて、それによると業者は、「クーリング・オフ妨害の解消のための書面」を消費者に交付しなければなりません。この書面が交付される前は、いつでもクーリング・オフでき、書面が交付された後も、8日以内であれば、クーリング・オフができます。

58/100 化粧品の使い方を教えると言われ勧誘された場で使ってしまいました。クーリング・オフできる？

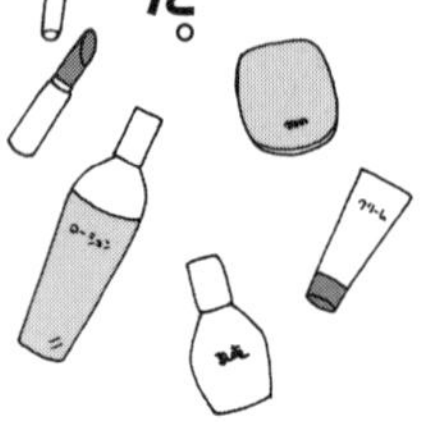

キャッチセールスなどで買った化粧品や健康食品は、クーリング・オフの対象商品ではあるのですが、政令で消耗品とされ、使用・消費したら、その分はクーリング・オフができません。一方、下着や布団などは使用し多少汚しても、期間内であればクーリング・オフできます。

ただし、消耗品でも、販売業者が使い方を教えるなどと言って勧めて使用・消費させた場合は、クーリング・オフをすることができます。もし、販売業者が消耗品だからクーリング・オフできないと言った場合はクーリング・オフ妨害になります。

59/100 語学教材を解約しようとハガキを出したら9日目に届きクーリング・オフできないと言われた

エステ、語学教室、家庭教師など在宅学習、学習塾、パソコン教室、結婚相手紹介サービスは、「特定商取引法」で、「特定継続的役務提供」として規制されています。

契約の書面の交付を受けて8日以内ならクーリング・オフできます。民法では、解約の意思は、相手に通知が到達したときから効力を発すると定めていますが、特定商取引法では、書面を発信したときから効力を発します。そのため、相手に届いたのが9日目でも、8日以内に発送していればクーリング・オフできます。

60/100 訪問販売で買った掃除機。クーリング・オフ後に説得されて再度購入することに。でも、やはりやめたい…

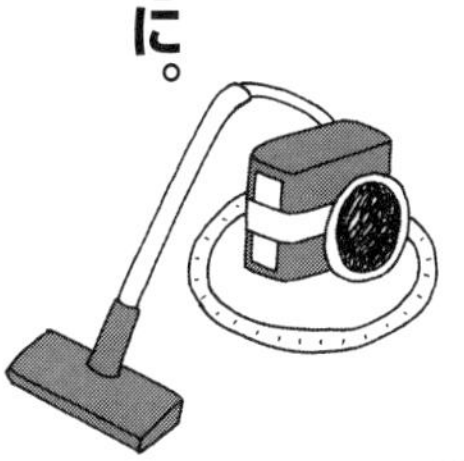

クーリング・オフをして契約を解除した後に説得された場合、それは、再契約の勧誘になります。もう一度、クーリング・オフの通知を出しましょう。

再契約なので、販売事業者は再契約についての契約書面を交付する義務があり、書面が交付されてから8日以内ならクーリング・オフができます（書面の交付がなかった場合はいつでも可能）。

また、消費者が住居から退去してほしい意思表示をしたのにもかかわらず居座り説得を続けられ困惑して契約に応じてしまった場合は、「消費者契約法」で契約を取り消すこともできます。

61 / 100

酔って寝ている間に、タクシーが遠回りをしていた！いつもより高い金額を請求されたけど、支払わないとダメ？

事例

送別会の後、タクシーで帰ることに。うっかり車内で寝込んでしまい、「着きましたよ」と言われて目が覚めました。そして、請求額を見てあ然。いつもなら深夜でも3500円ほどなのに、6200円！　理由を聞くと道に迷ったそう。これって、払わなきゃいけないの!?

結論から言うと、通常かかる料金以上の金額を払う必要はありません。拒否しましょう。あなたがタクシーに乗った時点で、あなたとタクシー会社との間には、「旅客運送契約」が結ばれています。この契約によって、タクシーは乗車地から目的地まで、最も近い道のり、最も安い料金で安全にあなたを（目的地まで）輸送する義務があるのです。

そのため、この契約を履行する途中で、タクシーの運転手がわざと遠回りをしたり、道を間違えたりした場合は、「不法行為責任」、あるいは、「債務不履行責任」が生じます。乗客に損害をおよぼしたときは、その損害を賠償しなければなりません。したがって、通常かかる料金以上の金額は、遠回りをしたタ

クシー側が負担するべきであって、乗客が払う必要はありません。

「いつもは3500円で行きます。運転手さんが道を間違えたのだから、わたしは3500円以上は払いません」とキッパリ言いましょう。

多くの場合、そう言われると、タクシー側が折れるはずですが、なかには、恐い顔をして威圧してくる、たちの悪い運転手もいます。そういう運転手にあたったら、タクシーの会社名と運転手名を控え、領収書をもらい、翌日、会社に電話しましょう。「明日会社に電話します」というひと言で、急にコロリと態度を変える運転手もいますので、試しに一度言ってみてはどうでしょうか。乗車した際に「〇〇へ行きたいのですが、道はわかりますか？」と確認しておくのも、トラブル予防になります。

minpo clip

民法クリップ

●タクシーの運転手が道に迷った場合は？

タクシーの運転手が新人で道に迷ったり、タクシーの運転手と乗客で会話が弾んで、曲がるべき道で曲がらず遠回りになってしまったという場合でも、乗客が負担する必要はありません。

●タクシーで不愉快な思いをしたら

翌日、タクシー会社にクレームを入れましょう。不愉快な思いをしたことを伝えるだけでもOK。そうした利用者の声がサービスの向上につながります。

62 100

事例

海外ツアーで現地のバス事故に遭遇！旅費の返還と治療費を請求したいけど、戻ってくる？

姉夫婦が新婚旅行でトルコに行きました。ところが、現地のバスが雨の中スピードを出し過ぎて横転。人が亡くなる大事故に！　幸い、姉夫婦は足や腕の骨折ですみましたが、楽しかったはずの新婚旅行が台無し。旅費の返還と治療費を請求したいのだけど。

現地で起こった事故は、旅行会社でも予期することのできない、防ぎようもないことなので、旅費の代金を返してもらうのは難しいでしょう。また、現地のバス事故による損害賠償は、旅行業者は責任を負わない仕組みになっています。ただし、事故があったときは、「旅行業約款」で特別に保証金制度を定めています。そして、「標準旅行業約款」という契約書のモデルを国が作成し、多くの旅行会社では、これを採用しています。

その旅行業約款には、「特別補償制度」という規定があり、このような現地事故のケースでは、旅行会社が手配したバスなどの事故によって人が亡くなった場合は１人につき２５００万円の補償金が支払われることになっています。

また、けがをして入院した場合には、けがの程度に応じて入院見舞金として1人あたり4万円〜40万円、通院の場合には通院見舞金として2万円〜10万円が支払われます。しかし、これだけでは、不十分の場合があります。そこで、海外旅行保険があります。

旅行会社でツアーを申し込んだ際に勧められたり、空港でも入ることができますので、いざというときのために入るようにしましょう。万一のときに、日本語で対応してくれる現地スタッフがいたり、現地の病院に保険会社から直接、治療費を支払ってくれるなどのサービスが受けられます。保険の内容をあらかじめしっかり確認しておくことも大切です。

問題の整理

◀ **旅行会社との契約内容を確認**

◀ **特別補償制度に基づいて補償金を請求**

◀ **海外旅行保険にも入っていたか確認**

◀ **損害部分があれば保険会社に請求**

minpo clip

民法クリップ

●**海外旅行保険で気をつけたいこと**

クレジットカードについている海外旅行傷害保険は、旅行代金をカードで支払っていないと適用されなかったり、保険金は事後精算で、まずは自分で治療費を立て替えなければならないこともありますので、必ず確認しておきましょう。

●**海外では動物にも気をつけて**

海外で犬に噛まれて帰国後、狂犬病を発症した例もあります。むやみに、犬や動物に手を出さないようにしましょう。

63
100

事例

液晶テレビを買ったら、画面の枠にヒビが！すぐに交換してもらいたい。

家電量販店で液晶テレビを買いました。週末、楽しみにしていた液晶テレビが自宅に届き、さっそく箱を開けて設置。ところが、画面の枠に大きなヒビがあるではないですか！　大ショック…。輸送中についたキズでしょうか。交換してもらえますよね。

すぐに液晶テレビを購入したお店に電話して、交換してもらいましょう。購入した商品にキズがついていたり、破損している部分があるなど、欠陥があった場合には、民法の「債務不履行」の「不完全履行」（実行された債務の内容が不完全であること）にあたり、販売店に落ち度があった場合には、店に欠陥のない商品の引き渡しを要求することができます。

たとえ輸送中についたキズで、販売店に落ち度はなかったとしても、「瑕疵《かし》担保責任」という「無過失責任」（販売店の落ち度の有無にかかわらず、交換、修理、損害賠償などを求めることができる）により、欠陥のない商品との交換か、補修を請求できます。もし、同じ商品がなくて交換ができない場合は、履

行不能ということで、契約を解除することができます。現実的には、販売店に商品がなければ取り寄せとなり、入荷を待つか、待てない場合は契約解除ということになるでしょう。

また、民法の債務不履行には、不完全履行、履行不能という言葉のほかにもう一つ、履行遅滞があります。文字通り、商品が期日まで届かないなど、約束の期日までに履行されないことをいいます。

この履行遅滞の場合は、すぐに契約を解除できるわけではなく、まず、履行を催告する必要があります。つまり、もう一度、債務者（販売店など）にチャンスを与え、それでも決められた期日に履行されなければ、契約を解除することができるというものです。

minpo clip

民法クリップ

●履行遅滞とは

売主が約束した期日に商品を引き渡さない場合、あるいは代金を支払うことができるのに支払わない場合「履行遅滞」になります。

その際、履行されなかったことで損害が生じたら、損害賠償請求をすることができます。

●拡大被害に遭ったら

テレビが壊れていて、火を噴いたりなどして、やけどを負ったりという拡大被害に遭ったときは、メーカーに対して、損害賠償請求することができます。

64/100

スキー旅行で用具を一式、宅配便で送ったけど、届いたのが遅くてその間レンタルすることに…。

事例

1週間のスキー旅行に行く際、スキー用具だけ先に通常の宅配便で宿泊先に送りました。ところが、届いているはずの用具はいつまで待っても届かず、予定の3日後に到着。3日間、用具をレンタルする羽目に。宅配便の送料の返還と、レンタル料などを請求したいのですが…。

輸送中に何らかの事故に巻き込まれたり、手違いなどがあった場合、まずは、荷物の到着が遅れていることを、業者に早めに知らせてほしいもの。楽しいはずのスキー旅行で不愉快な思いをしてしまったという怒りはごもっとも。

しかし、結局、スキー用具は無事に届いたので、宅配便の送料返還を求めることはできないでしょう。しかし、利用日を指定すると利用日の前日に届くスキー宅配便を利用した場合、荷物が遅れたことにより生じたレンタル料は、予見可能な損害なので請求することができます。ただし、地震などの天災、事故、交通渋滞などの場合は免責されることもあります。どのような理由で到着が遅れたのかを聞き、レンタル料が発生したことを告げて、交渉してみましょう。

　また、宅配荷物を紛失されてしまったり、壊されてしまった場合は、業者が負う責任限度額の範囲で実損を賠償してもらうことができます。責任限度額は送り状に記載されていますので、確認してみてください。

　ちなみに、スキー旅行ツアーに参加している場合はどうなの？　旅行会社にも責任があるのでは？　という疑問を持つ人もいると思います。その気持ちもわからないわけではありませんが、答えはノー。運送業者の過失による遅滞の場合は、旅行会社には責任はなく、運送業者が責任を負うことになります。

問題の整理

- **スキー宅配だったか確認** ◀
- **宅配業者から送料返還はＮＧ** ◀
- **届くまでのレンタル代は交渉してみる** ◀
- **賠償してもらえることも** ◀
- **これからはスキー宅配に**

minpo clip

民法クリップ

●届いた荷物が壊れていた場合は

　宅配便に預けた荷物が、紛失、毀損した場合は、賠償されるケースもあります。ただし、業者の負う責任限度額は、業者にもよりますが30万円までが一般的です。

●宅配便の約款も確認してみて

　宅配便は、各社で運送約款がつくられていて、荷物の取り扱いについて、細かく決められています。今後、トラブルを防ぐためにも、よく利用する宅配便業者の約款を一度、確認してみるといいでしょう。

65 100

事例

利率のいい金融商品があると勧められ、投資信託を買ったけど、元本割れしてしまった！ これって詐欺？

電話で金融機関から預金の預け替えをしないか、いい金融商品があると言われて話を聞きに行ったところ、投資信託のことで、「毎月お小遣い程度の利息が確実に入る」と説明されました。それならと手続きをしたのですが、取引報告書を見てびっくり！ 元本割れしてます！

投資信託と聞いた時点で疑問を持つべきでしたね。投資信託は、ファンドの構成、景気や経済情勢によって大きく増える可能性もありますが、逆に、損をすることもあります。元本保証のない金融商品なので、「毎月お小遣い程度の利息が確実に入る」とは言いにくいでしょう。渡される目論見書でファンドの内容をよく確認した上で、選ぶ必要があります。

この場合、明らかに金融機関の説明が不十分なうえ、「毎月お小遣い程度の利息が確実に入る」といった断定的な判断で勧誘する行為は、「消費者契約法」で取り消すことができます。確実に入るなんてウソだとわかったときから6ヵ月以内であれば、契約を取り消すことができるので、その金融機関に最初に預

どんどん増えるよー
ウソつかないよー
すごーい

けたお金を返してもらいましょう。

さらに、投資信託は、金融商品販売法の対象でもあり、元本保証のないこと、損をする可能性があることをきちんと説明をすることが義務づけられています。これを無視して説明しなかった場合には、損をした分について、損害賠償請求をすることができます。

また、顧客の適合性（顧客の知識、経験、財産状況など）に配慮した説明が必要とされています。知識、経験などが乏しい顧客には、より丁寧な説明をしなければ、説明義務を果たしたことにはならないという規定が設けられています。安全な運用を考えている顧客に、リスクの高い金融商品を売ってはいけないのです。

minpo clip

民法クリップ

●投資信託を購入する前に

投資信託は、1万円以上1円単位といった小口の金額で購入でき、詳しい知識がなくても、資産を運用することができます。しかし、元本保証はなく、大幅な値下がりで損をすることもあります。
投資信託の購入を考えるときは、そうしたデメリット、コストを考え、過去の運用実績などをチェックして。
投資信託に関する基礎知識は、次のHPを参考にしてみて。
(社)投資信託協会
http://www.toushin.or.jp/
証券教育広報センター
http://www.skkc.jp/

66 100

知人に勧められて未公開株を300万円で購入。その後、連絡が取れなくなってしまいました…。

事例

久しぶりに会った知人に「上場間近で値上がりが確実で儲かる」と未公開株を勧められ、300万円を渡してしまいました。知人はきちんとした販売業者に所属しているので絶対安心と言っていたのですが、その後、知人と連絡が取れません。「預かり証」はもらっているのですが、お金は戻ってくるのでしょうか。

その預かり証から知人が所属している会社の名前、連絡先はわかるでしょうか。証券取引法では、未公開株の販売をできるのは、未公開株の発行会社や証券業の登録を受けている証券会社で、取り扱う未公開株の種類も「グリーンシート」銘柄に限られています。証券仲介業者や登録金融機関も、証券取引にかかわる投資勧誘はできることになっていますが、未公開株の投資勧誘をすることは原則禁止されています。

その販売業者は、登録業者でしょうか。金融庁のホームページで調べてみましょう。また、未公開株を発行しているという会社のホームページも覗いてみてください。「当社は上場の予定はありません」「株式の売買について、外部の

法人もしくは個人への委託は一切行っていません」など、注意を促す文面が載っていないでしょうか。また、そんな会社は存在していなかったというケースもあります。

最近、未公開株について、登録証券会社ではない業者による詐欺的な勧誘行為が行われ、トラブルが増えています。このようなときは、すぐに消費生活センターか弁護士に相談し、業者と話し合いをしましょう。このケースの場合、業者と連絡が取れても、知人の方とやりとりしていることから「個人間の取引だから、ウチに関係ない」などと言われかねません。預かり証に会社名があることなどを理由に粘り強く交渉することが大切です。

問題の整理

▶ **登録証券会社かどうか調べる**

▶ **発行会社のホームページを見る**

▶ **消費生活センターや弁護士に相談**

▶ **業者と交渉、和解へ**

未公開株の詐欺…
えっまさか…
金融庁
サギに気をつけて
返金の保証なし…

minpo clip

民法クリップ

●金融庁の相談窓口

未公開株購入の勧誘に注意！　と、金融庁でも電話相談を受け付けています。

◆「金融サービス利用者相談室」
☎03-5251-6811

◆「警視庁総合相談センター」
☎03-3501-0110
または、全国共通ダイヤル#9110番

◆「日本証券業協会の相談窓口」
証券あっせん・相談センター
☎03-3667-8008

67/100 金利が高いと勧められた外貨預金。でも、解約をしたら手数料などを引かれて元本割れに…

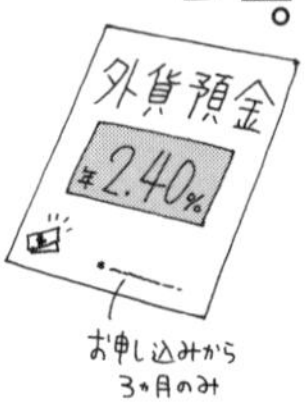

外貨預金は、為替リスクがあり、為替交換手数料もかかります。そのため、現実には元本割れしてしまうこともあるので注意が必要です。

「金融商品販売法」では、金融業者が「元本欠損のおそれのあること」とその要因の説明をしなかった場合には、欠損部分についての賠償責任があると定めています。また、利率が高いことだけ伝えて、為替リスクの危険性などの不利益事実を伝えられていなかったら、「消費者契約法」の「不利益事実の不告知」に該当し、契約の取り消し、預け入れ元金の返還を請求することができます。

68/100 外国為替証拠金取引の勧誘で何度も断ったのにしつこくて、何度も訪問される

外国為替証拠金取引とは、一定の委託証拠金（保証金）を商品先物取引の業者や証券会社などに預けて、その10倍程度の資金を動かし、円とドルやユーロなどといった海外通貨の売買による為替差益と金利差益を狙うハイリスクな取引です。

外国為替証拠金取引は、金融商品先物取引法によって、消費者が呼んでもいないのに電話や訪問したりして勧誘することを禁止されています。断わられているのに何度もしつこく勧誘することも禁止されています。しつこい場合は警察や消費生活センターに相談しましょう。

69/100 生命保険の外交員から「転換すると得ですよ」と言われて手続きしたら、保険料が高くなってしまった

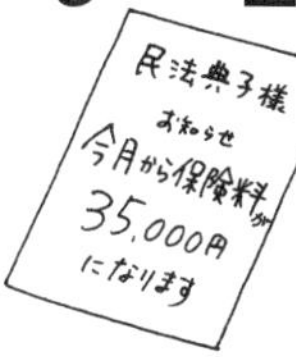

転換とは、今まで掛けてきた生命保険の解約返還金を、新しい保険商品の原資にして、生命保険に契約し直すことです。転換することで、新しい医療保障をセットできたり、保障を充実させたりなどのメリットもありますが、保険料の支払い負担が増えたり、予定利率が大幅に下がるなどのデメリットもあります。

消費者の利益になることだけを告げて、不利益になることを伝えずに契約をさせた場合は、「消費者契約法」の「不利益事実の不告知」にあたり、契約を取り消すことができます。

70/100 商品先物取引の勧誘をしつこく受け さらには勝手に取引されて 多額の損失をこうむった

商品先物取引のしくみやリスクをよく理解していない人が「確実に儲かる」などといって強引に勧誘され、財産を失うというトラブルが増え続けています。商品先物取引は、「商品取引所法」という法律で規制されていて、断っているのにもかかわらず、何度もしつこく勧誘することを禁止しています。

また、年齢や投資経験などから見て不適切な人には勧誘しないようにという、適合性原則のルールがあります。勧誘の際にリスクを告げないことも禁止されています。消費生活センターや弁護士に相談して、損失を取り戻しましょう。

71/100

事例

地上デジタル放送への切り替えが必要と工事費の請求がきたけど、払う必要あるの？

「デジタル放送接続料金請求書」と書かれた封書が突然送られてきました。それによると、アナログ放送からデジタル放送に切り替えるための工事費が約3万円かかるというのです。これは本当ですか？　振り込まないといけないのですか？

絶対に振り込んではいけません。これは、地上デジタル放送への移行に便乗した架空請求です。

確かに、地上デジタル放送への移行は着々と進められていて、２０１１年7月24日には、地上アナログ放送は終了となる予定です。地上デジタル放送を見るためには、ＶＨＦアンテナからＵＨＦアンテナに変更したり、地上デジタル放送用のチューナーを取り付けるか、地上デジタル放送対応テレビに買い換える必要はありますが、地上アナログ放送から地上デジタル放送に切り替えるために、国や自治体、テレビ局などが工事費を請求してくることはありません。こう依頼もしていないのに、突然、事業者が請求してくることもありません。

した架空請求はいっこうにやまず、消費生活センターや弁護士事務所をかたったり、「訴訟の取り下げの相談を受ける」などとうたったりと、手を変え品を変え、どんどん手口が巧妙になっていきます。新しい手口に惑わされないよう、気をつけましょう。

また、地上デジタル放送への移行に関して、古いアンテナの撤去、点検を装った訪問販売にも気をつけてください。アンテナ点検後に屋根工事を勧誘されてトラブルになることもあります。UHFアンテナ工事の勧誘を受けた場合は、必ず複数の業者に見積りをとりましょう。デジタル放送になるからとケーブルテレビへの加入を勧められることもあるようですが、ケーブルテレビに加入しないと地上デジタル放送が見られなくなるということはありません。

minpo clip

民法クリップ

●地上デジタル放送の相談窓口

地上デジタル放送についての基礎知識は、(社)デジタル放送推進協会のホームページで知ることができます。http://www.dpa.or.jp/

また、地上デジタル放送に関する相談は、総務省地上デジタルテレビジョン放送受信相談センターへ。

☎0570-07-0101

IP電話など、つながらない場合は次へ。

☎03-4334-1111

(平日9時~21時、土日祝日は18時まで)

72 100

事例

会社に、しつこく資格教材のセールス電話がきて適当に返事をしたら教材と請求書が送られてきた！

どこで調べたのか、会社に資格教材のセールス電話がきました。しつこいので「とりあえず資料だけ送ってください」と言って電話を切ったら、翌日、教材と請求書が届きました。あわてて取り消しの電話をしたのですが、申し込みをしたの一点張り。どうしたらいいでしょうか。

しつこい電話を切るために「とりあえず資料だけ送ってください」と言っただけでは、契約は成立していません。契約が成立するには、当事者の申し込みと相手方の承諾といった合意が必要です。その合意がなければ、事業者と申し込みをした、しないなどの水掛け論になっても、契約は成立していないことになります。よって、支払う義務はありません。毅然とした態度で支払いを拒否しましょう。

しかし、それだけでは不安だし、またしつこく電話がかかってくるのも嫌ということもあるでしょう。

電話勧誘販売は、「特定商取引法」で規制されていて、書面の交付義務やク

ーリング・オフ制度があります。

このケースのような強引な業者は、一方的に教材を送り、その中に契約書などの書面をしのばせていることがあります。消費者が箱を開けたらクーリング・オフできないのかと思い、そのままにしておき、クーリング・オフ期間を過ぎるのを狙っているのです。箱を開けてもクーリング・オフできますから、中に書面があるかどうかを確認し、クーリング・オフを利用しましょう。

電話勧誘販売の場合のクーリング・オフ期間は、書面の交付を受けてから8日間です。書面が交付されていなければ、いつでもクーリング・オフが可能です。クーリング・オフの通知を内容証明郵便などで送りましょう。

問題の整理

すぐに箱を開けて中身を確認
▼
書面があるかどうかをチェック
▼
クーリング・オフの通知を出す
▼
教材を送り返す

聞いてないよお〜
えっっ!?
教科書が
届いてるぅ〜っ
教科

minpo clip

民法クリップ

●クーリング・オフするときは…

ここでのケースの場合、クーリング・オフのハガキには、「教材の購入に関して当方は契約していません。仮に契約が成立していたとしても、本通知により、クーリング・オフします」と記載しておきましょう。

●ネガティブ・オプションにも注意

商品を一方的に送りつけて、消費者が受け取った以上、代金を払わなければいけないと勘違いさせる問題商法。代金引換郵便を悪用したものもあるので気をつけて。

73 100

事例

いつも利用している都市銀行から融資のハガキがきたのだけど、申し込んで大丈夫？

口座をつくっている銀行からDMがきて、「審査に合格したので50万円、優先融資します」と書いてありました。ちょうど、連休を使って海外旅行などに行ったため金欠状態。申し込もうと思いますが、本当に借りられるでしょうか。

連絡してはいけません。融資の連絡先として載っている番号は、銀行とはまったく関係ない会社です。それは、おそらく、今急増している「貸します詐欺」でしょう。

実在する金融機関やクレジット会社などに似たマークやロゴなどを使ってDMを出し、相手が問い合わせをしてくると、「融資をするために保証金を預かる必要がある」などと言って、さまざまな名目で金銭を振り込ませるという手口です。

コンビニから定形小包郵便物のエクスパックで雑誌にお金をはさんで私設私書箱に送らせるという業者もいます。そうなったら、お金を送ったという証拠

が残らず、受け取り人も探すことができません。もちろん、お金を振り込む、または送った後は約束の融資は実行されず、振り込んだお金も戻ってきません。

ＤＭがおそろしく精巧に作られているのが特徴で、「当社をかたる悪質な業者にご注意ください」「今回の案内が届いた方に限り、３５０万円までご融資」「90日間無利息」などと書かれていることもあります。こうした文句に騙されないようにしてください。そもそも、都市銀行などの金融機関のほうから融資をしてくれるなんていう話は信じないほうが無難です。

また、金融機関やクレジット会社では、融資をする前に保証金など現金を請求するところなどありません。これは詐欺ですから、万が一、お金を振り込んだり送ったりしてしまったりしたら、警察に通報しましょう。

minpo clip

民法クリップ

●「貸します詐欺」と思ったら

東京都産業労働局の「貸します詐欺」被害ホットライン☎03-5320-4775（東京都貸金業対策課）に問い合わせてください。

また、警察庁では、融資保証金詐欺犯が詐称した会社名一覧を公開しています。http://www.npa.go.jp/safetylife/seian/ki31/buhin/yuusikaisya.htm

財務省関東財務局では、悪質な貸金業者を公開しています。http://www.mof-kantou.go.jp/kinyuu/kashikin/akusitsu.htm

74 100

事例

クレジットカードの請求額を見てびっくり！身に覚えのない多額な請求がきている。なんで？

今月届いたクレジットカードの請求書を見てびっくりです。なんと、50万円になっていました。明細を確かめると、ゴルフクラブやバッグなど、わたしが買ってもいない品物が購入されています。いつもは数万円しか利用していないのに。どうしたらいいでしょう。

すぐにクレジットカード会社に連絡して、事情を話し、カードの利用を止めてもらいましょう。「どうしよう～」とうろたえている間にもカードが不正使用されている可能性があります。被害を最小限に食い止めましょう。

次に、警察に被害届を出し、その届出をカード会社に提出します。クレジットカードには「盗難保険」がついているので、カード会社および、警察へ紛失・盗難届を出すことで、届出の60日または90日前までの不正使用については保険で補償されます。

今回のケースのように、カードが手元にあるにもかかわらず、不正使用された場合は、スキミング被害に遭っている可能性があります。何らかの方法でカ

ードの磁気情報を読み取られたのです。

スキミングは、スキマーというカード情報を読み取る装置を用いて行われます。クレジットカード取扱店のＣＡＴ端末に仕掛けられているケースのほか、無線電波で情報を受け取る方法もあります。財布が入っている胸の内ポケットやハンドバッグをさわらずに受信するなど、さまざまな手口があるので、いつ、どのようにスキミングされたのか、なかなかわかりません。

キャッシュカードの場合は、こまめに暗証番号を変える、クレジットカードの場合は利用明細書をこまめにチェックする、カードを不用意に持ち歩かない、信頼できるお店で使うなどの対策しかないのが現状です。

問題の整理

クレジットカード会社に連絡、利用停止を
▼
警察に紛失・盗難届を出す
▼
クレジット会社に紛失・盗難届の届出を
▼
不正使用された分を補償してもらう

すぐ届けてよかった…ホッ
カードの利用を停止しました

minpo clip

民法クリップ

●２００６年２月より預金者保護法が施行

「預金者保護法」では、盗難カードや偽造カードを用いて、ＡＴＭから不正に預金が引き出された場合、金融機関が預金者の故意・重過失を立証しない限り、被害額全額を補填する義務を負うことなどを想定しています。

これまでは、キャッシュカードにはこのような補償はなく、被害者が泣き寝入りをしていましたが、スキミングによる不正使用が多発したため法律の制定に至りました。ただし、盗難通帳やネットバンキングの被害は対象外になっています。

75
100

事例

カードで買い物しすぎて、生活費が足りなくなり、毎月キャッシング。気がついたら、多重債務に…。

カードで買い物をするようになって、いつからか返済が苦しくなりました。生活費が足りなくなってはカードでキャッシングするように…。しかも、1社だけでなく複数の会社からキャッシングをしてしまい、毎月15万円ほどの返済があります。もう払っていけません。

多重債務に陥ってしまったら、問題が深刻にならないうちに、早めに消費生活センターや司法書士、弁護士などの専門家に相談しましょう。

それほど深刻な状態にならなければ、債務を整理して支払回数を伸ばすなどの解決策があります。返済のために、キャッシングや借金を繰り返さないようにしてください。また、自分で何とかしようと、金利の低いローンや貸金業者を探したりしていると、無登録のヤミ金を利用してしまったり、振り込み詐欺にあってしまうこともあります。

「金銭消費貸借契約」（金銭の貸し借りの契約）は「貸金業規制法」で、金利の率などを規制しています。これまでは、「利息制限法」と「出資法」があり、

利息制限法では15～20％、出資法では29・2％を超えなければ罰則の対象にならないとされていました。そのため、20～29％のグレーゾーンの範囲で営業している業者が多く、それが多重債務の原因になっていると問題視されてきました。そこで、2006年12月、グレーゾーンを撤廃し、15～20％に引き下げる改正貸金業規制法が可決、公布されました。公布後、2年半をメドに施行される予定です。

　弁護士に相談すれば、従来の利息制限法を超える不当な金利の分はカットして返済額を減らす「任意整理」などの方法をとることができます。直接、業者と話し合う必要もなく、無理のない返済計画を立てて借金を返していくことができます。

問題の整理

▼

すぐに消費生活センターに相談する

▼

司法書士や弁護士を紹介してもらう

▼

債務整理、任意整理をしてもらう

▼

無理のない返済計画を立てて返済！

minpo clip

民法クリップ

●クレジット・サラ金専門の相談窓口

　東京の場合には、東京弁護士会、第一東京弁護士会、第二東京弁護士会が共同で運営するクレジット・サラ金専門の相談センターがあります。

◆弁護士会法律相談センター

http://www.bengoshisoudan.com/index.html

四谷法律相談センター
☎03-5214-5152

神田法律相談センター
☎03-5289-8850

錦糸町法律相談センター
☎03-5625-7336

相談料は無料。弁護士が10分間無料で相談を受ける電話相談もあります。

76/100

事例

クレジットカードの申し込みを断られたけど、どうして？　専業主婦はカードを作れないの？

先日、クレジットカードを作ろうと思って申し込みをしたら、審査に通りませんでした。でも、カードを作りませんか？　というDMを見て申し込んだのですよ。海外旅行やインターネットショッピングなどでカードは必要なのですが、専業主婦はカードを作れないのでしょうか？

専業主婦はカードが作れない、ということではありません。専業主婦や学生など、自分に収入がない人は、審査対象は本人だけでなく配偶者や親権者になり、審査が通れば、作ることができます。

その審査基準が、クレジットカード会社によって、厳しかったり、甘かったりとまちまちなのです。おそらく、審査が厳しいクレジットカード会社だったのではないでしょうか。

専業主婦の場合でしたら、百貨店や大手スーパーなど流通系のクレジットカードであれば、比較的作りやすいでしょう。もし、どのクレジットカードも作れないということであれば、間違った情報が登録されている可能性があります。

クレジットカードの利用実績は、信用情報機関に蓄積、管理されています。3ヵ月以上支払いを延滞したり、自己破産などをしていると、それが信用情報機関に登録され、カードの発行を断られたり、利用を止められたりすることがあるのです。あなたの場合、審査対象はご主人なので、ご主人の情報が間違って登録されていないか確認してみましょう。間違いがあった場合には、信用情報機関に、訂正の申し立てをすることができます。

クレジット取引は、一時的にカード会社やクレジットカード会社が商品の代金を立て替えてくれるもの。いわば、「借金」ということを忘れずに。ちなみに、毎月の家庭の収支をきちんと把握した上で、使うようにしましょう。

問題の整理

▶ほかのクレジット会社で作る

▶家族カードにしてみる

▶間違った情報が登録されているかも

▶信用情報機関に問い合わせる

minpo clip

民法クリップ

●個人信用情報機関

日本には4つの個人信用情報機関があります。ここで、自分や家族の情報を確認してみましょう。

◆銀行系「全国銀行個人信用情報センター」
☎0120-540-558

◆消費者金融系「全国信用情報センター連合会」
☎03-5294-7070

◆クレジット系「(株)シー・アイ・シー（CIC）」
☎0120-810-414

◆全業種横断系「(株)シーシービー（CCB）」
☎0120-440-029

MINPO COLUMN 77/100

お金の悩み、不安につけ込む悪質内職商法に要注意！

自宅で何か仕事ができないかしら。こんなちょっとした気持ちにつけ込む悪質な内職商法の被害が後を絶ちません。

たとえば、パソコンのデータ入力、テープリライトの仕事をするために、事業者が行うテストに合格する必要があるもの。実際は、何度受けても合格せず、購入した商品、教材などのローンだけが残ります。これを「絶対受からない検定商法」などとも呼んでいます。

また、ＤＭ制作やワープロ文書作成などで、事前に登録料や材料費などを払って仕事を得るものも要注意。報酬は完全出来高制ですが、仕事が雑などとあれこれいちゃもんをつけられ、安い報酬からペナルティを引かれ０円に。登録料などの払い損となってしまいます。

そもそも、仕事を得るために金銭が伴うものはおかしいと思ったほうがよいでしょう。「月10万は稼げるからローンの支払いは経費になる」などと甘い言葉を安易にうのみにしないことが大切です。

Chapter6

第六章

住まいの民法相談

78 100

事例

引っ越しの際、敷金を返してもらえない上、壁の汚れが原因で、リフォーム代を請求された！

6年間住んだマンションを退去することになりました。引っ越し後、敷金の返還を求めたら、壁のちょっとした汚れ、フローリングの小さなキズを理由に、返還を拒否。原状回復義務があるとして、10万円のリフォーム代を請求されてしまいました。払わないといけないの？

賃貸住宅における「原状回復義務」とは、入居時の状態に戻さないといけない、ということではありません。借り主の故意・過失による汚れや破損がある場合、または、内装や設備を変更したときに負う責任のことです。よほどのことがなければ借り主が修理費用を負担する必要はありません。

壁のちょっとした汚れや冷蔵庫の裏の黒ずみ、フローリングの色落ち、小さなキズなどは、6年も住んでいれば生じるものです。このような汚れやキズは自然損耗といって、原状回復する義務はありません。それで10万円ものリフォーム代を請求するのは、悪質としか言いようがありません。

また、敷金は、借り主が入居期間中に光熱費や家賃を滞納したなどの万が一

のときに大家さんが困らないよう備える〝預かり金〟です。民法では債務の担保といって、家賃の滞納や、借り手の不注意で修繕しなければならないものがない限りは、退去後に返還されなければなりません。

まず、敷金がなぜ返還されないのか、敷金から差し引かれる金額や理由などの内訳と、リフォーム代の内訳を明らかにするよう求めましょう。その内容が納得いかないものであれば、内容証明郵便で敷金の返還とリフォーム代請求の撤回を求めます。それでも解決しなければ、裁判所に調停を申し立てて話し合うか、金額が60万円以下の場合は、原則として1日で審理を終える簡易裁判所の少額訴訟裁判を利用します。話し合いがうまくいかずに困ってしまったら、消費生活センターに相談してみましょう。

minpo clip

民法クリップ

●原状回復に関するルール

原状回復義務について間違った解釈をしている貸し手も多く、敷金をめぐるトラブルが増えています。このような状況を受けて、国土交通省と(財)不動産適正取引推進機構が「原状回復をめぐるトラブルとガイドライン」を作成しています。入手希望の方は(財)不動産適正取引推進機構まで。

☎03-3435-8111

●調停や少額訴訟に関する無料法律相談も便利

調停や少額訴訟をする際は、全国の日本司法書士会で行っている無料法律相談「少額裁判サポートセンター」を利用すると便利です。

79 / 100

事例

大家さんが家賃を2万円も値上げすると言ってきた！いきなりのことでびっくり。同意しなきゃいけないの？

更新の2ヵ月前に書類が送られてきて、土地の価格上昇などを理由に、家賃を2万円値上げすると書いてありました。更新しない場合は1ヵ月前に申し出るようにとあり、値上げに同意しなければ退去しろと言っているかのようです。値上げは困ります。

家賃については、「借地借家法」で、経済状況の変化や地価の上昇、それに伴う税金の上昇、近隣の賃貸物件の家賃の上昇などの理由があれば、家主に家賃の増額請求権が認められると定めています。

つまり、住まいの賃貸借契約は何年も長期にわたるものなので、世の中の景気が良くなって地価が上がるなどして、家賃を改定できるということです。ただし、家主が一方的に値上げできるわけではなく、家賃を改定するには、入居者の値上げに対する同意がなければなりません。

まずは、家賃の値上げに応じられないという旨の文書を内容証明郵便で送りましょう。家主や不動産会社から送られてきた文書の中で、○月○日までに回

答を求めるといった一文が入っている場合には、その日までに送りましょう。何も言わないでいると、値上げに同意したと受け取られかねません。その後は、話し合いになりますが、それで解決できないときは、家主から調停を申し立てなければなりません。

話し合いをしている間、あるいは調停中は、入居者は従来通りの家賃を払って住んでいればよいのですが、たまに、家主が家賃を受け取らなくなることがあります。これをそのままにしておくと、家賃を払わないことを理由に契約を解除され、立ち退きを要求されることがあります。そういうときは、法務局に供託する必要があります。

問題の整理

値上げには応じられないと伝える
▼
従来の家賃を払って住む
▼
話し合い、または調停へ
▼
和解、もしくは裁判へ

minpo clip

民法クリップ

●供託（きょうたく）とは

供託とは、家賃など、支払ったのに受領を拒否されたり、誰に支払っていいのかわからないような場合に、法務局に代金を預けておくことで支払い義務を果たすことができる制度です。

●調停で解決できなければ裁判へ

家賃の値上げについて、調停で和解できなければ、裁判になります。裁判所に家賃の値上げが必要か、値上げ率はどのくらいが妥当かを決めてもらうことになります。

80 100

事例

ペット禁止のアパートでペットを飼っていることがばれ、すぐに出て行けと言われたけど、もう少し待って！

ペット不可のマンションで犬を飼っていたのですが、隣人から「犬の鳴き声がする」「臭いがする」などと告げ口をされて、内緒で飼っていたことがばれてしまいました。そして、すぐに出て行くようにと言われてしまったけど、退去を拒否することはできないの？

ペットに関するトラブルでもっとも多いのが、この〝内緒でペットを飼っている〟というケースです。

ペットを飼うことを禁じられている賃貸物件で、内緒でペットを飼っていた場合は、契約違反になります。借り手のほうに非があるので、退去を命じられても仕方ありません。ペットを飼うことをやめるか、退去に応じるしかないでしょう。今飼ってる犬をどうしても手放せないということであれば、ペット可の賃貸物件を探すしかありません。とくに、ほかの居住者から、犬の鳴き声や臭いなどについての苦情が出ている場合は、新しい物件を探すまで、愛犬はペットホテルなどで預かってもらいましょう。

過去に、ペット不可のマンションで犬や猫を飼っていた入居者が、家主にペットの飼育をやめるようにと勧告されたにもかかわらず、これを無視し、飼育を続けていたことによって訴訟になったケースがありますが、この場合裁判所は、家主が賃貸借契約を解除して退去を求めることができる、という判決を出しています。

また、賃貸借契約書にペット不可の規定がなくても、室内をひどく汚したり、傷つけたり、ほかの入居者に迷惑がかかったりした場合には、家主はペットの飼育をやめるよう申し入れることができ、これを無視して飼育を続けた場合は、賃貸借契約を解除することができるという判断を示しています。最近はペット可の賃貸物件も増えていますので、ペット可のところを探しましょう。

すぐに出て行ってくれ
ウチはペット不可なんだから
新しいとこ探さないと…
ワワ〜ン
じゃあ1ヵ月待つから
サンキュウ♪
Lucky!

minpo clip

民法クリップ

●どこまでがペット？

賃貸マンションなどがペット不可にする理由は、ペットがいると室内の傷みがひどい場合があったり、近所迷惑になることを理由にしているところが多いようです。

ペット不可というと、金魚やハムスターも飼ってはいけないの？という疑問がありますが、近所迷惑になる可能性もなく、室内を汚すことが少ない動物は、比較的認められているようです。

81/100

事例

隣に大きなマンションができて、部屋が丸見え！ 窓に目隠しがほしい。どこに相談すればいい？

わたしが住んでいる賃貸アパートのすぐ隣に大きなマンションができてしまって、隣の窓から部屋が丸見えです！　朝起きて、カーテンを開けると、隣のマンションの窓辺に立つ人と目が合ってしまいます。目隠しのようなものを窓に設置してもらえないでしょうか。

家主、または不動産会社に相談して、隣のマンションの窓に目隠しを設置することを要求してもらいましょう。民法２３５条の「観望施設の制限」では、建物との境界線から１ｍ未満に、他人の宅地を観望できる窓やバルコニーを設置する者は、隣地の居住者のプライバシーを保護するために、目隠しをすることを義務づけています。

これは、あなたの部屋の窓と隣のマンションの窓との距離ではなく、隣のマンションの窓から、建物の境界線の間の距離が１ｍ未満ということです。ただし、曇りガラスで開閉できない窓や浴室換気のための窓、高層階の窓やバルコニーで物理的にあなたの部屋を見ることができないようなものは対象外です。

最近は、プライバシーや人格権、女性の一人暮らしの防犯という観点から、民法の規定によらず、目隠しの設置は必要だという考え方も増えていますので、境界線から1m未満という決まりにこだわらず、生活の平穏が乱されると感じたら、家主や不動産会社に相談してみることです。

もし、家主が隣のマンションに目隠し設置を要求してくれないなど、何の対策もしない場合は、「債権者代位権」に基づいて、あなたが家主に代わって隣のマンションに目隠し設置を求めることができます。借り手は家主に対して、平穏に生活できるよう請求できる権利があるので、家主が保有している目隠し設置請求権を、借り手が代わりに行使できるというものです。消費生活センターや司法書士、弁護士などに相談してみましょう。

minpo clip

民法クリップ

●日照阻害について

工事中だったマンションが完成すると、日当たりの良い部屋が日陰になってしまったというケースも、管理会社や大家さんに相談してみましょう。建築基準法で規制しているので、違反などではないか確かめてみてください。

●工事の音がうるさい場合は

受忍限度を超える場合は、法的に騒音の防止を求めることができる場合も。大規模ない打ち工事などでは、「騒音規制法」や「振動規制法」で騒音について定められています。

82/100 ユニットバスの換気扇が壊れて動かなくなった。大家さんに直してもらえる？

普通に使っていて壊れたのであれば、大家さんが修理してくれるはずです。

賃貸借契約では、貸し主は、借り手が通常の住まいとして使用できるようにする義務がありますから、エアコンや換気扇、コンロなど、建物に設置されていたものが壊れた場合は、修繕を求めることができます。

ただし、借り手側の不注意で壊してしまった場合には、修繕にかかる費用を負担しなければなりません。また、大家さんに連絡もせずに勝手に業者を呼んで直した場合はトラブルの元になります。

83/100 隣の人が夜中に大音量の音楽を流したり、ギターを弾いたりして眠れない！

まずは、大家さんに相談してみましょう。貸し手から、夜中に騒音を出している借り手に注意してもらいます。隣の人に直接苦情を言うのはトラブルになるおそれがあるのでやめておきましょう。

大家さんには、借家人が落ち着いて生活できるよう管理する義務があるので、非常識な騒音を出している人に、やめるよう注意する義務があるといえます。すぐに注意をしてくれない場合は、騒音の状況を録音したり、日記をつけたり、同じように迷惑をしている隣の人にも苦情を言ってもらうと説得力があります。

84/100 ペット不可なのに隣の人が犬を飼っているみたい。臭いがして不快なのだけど

隣の方が親しければ、直接言ってもよいかもしれません。でも、たいていは言い争いになったり、気まずくなったりしてしまいがちです。まずは、大家さんか管理を任されている不動産会社に相談してみましょう。賃貸契約書に「犬・猫等のペットの飼育は禁止」といった約定があれば、隣の方は〝隠れてペットを飼っていた〟ことになりますから、ペットの飼育の中止を求められるか、賃貸契約の解除をすることになるでしょう。賃貸借契約書にペット飼育の可否が書かれていない場合でも、近隣からの苦情があれば、家主は対策を講じなければなりません。

85/100 シングル用のワンルームマンションに住んでいて、子どもができた。引っ越さないとダメ？

賃貸借契約書を確認してみましょう。住居としてのみ使用すること、居住人は1人のみ、ペット不可など、細かく書いてある契約書も少なくありません。シングルを想定したワンルームマンションだと、同居人は禁止というところが多いでしょう。

その場合、契約で決められた条件なので、原則として守る義務があります。ただし、賃貸借契約書に何も書かれていなければ、そのまま住むことができます。少し広めのワンルームマンションで、夫婦で入居している世帯もあるということであれば、子どもができても住める確率は高いでしょう。

86
100

事例

マンション購入後、構造計算書の虚偽記載が発覚！手抜き工事をしているかも…。とても不安。

新築マンションを購入後、耐震強度偽装のニュースを思い出し、一級建築士の知人に構造計算書と物件を見てもらいました。そうしたら、「構造計算書にいくつか疑問がある。もしかしたら手抜き工事されているかもしれない」と言います。耐震性も心配です。どうしたらいいでしょう。

まずは、売り主に事情を話して、建物の構造に関する資料や施工時の状況を撮影した写真やビデオを提示してもらうなどして、手抜き工事があったかどうかを調べてみましょう。その際、建築基準法の新耐震基準を満たしているかどうかも確認します。売り主がこうした相談にのってくれない場合は、第三者の専門家に相談し、調査する必要があります。

一級建築士の方に調査を依頼できるところなどを聞いてみるか、地方公共団体（特別行政庁）の相談窓口を訪ねてみましょう。

もし、住んでいる間に床が斜めに傾いた、壁にひび割れができたなどといった現象が現れた場合は、売り主に「瑕疵《かし》担保責任」を追及することができます。

さらに、売り主の責任を追及し、損害賠償請求をすることも考えられます。しかし、その際、売り主の過失をどう立証するかが問題になります。民法の瑕疵担保責任は、過失を立証しなくても追及することができます。

また、２０００年に施行された「住宅品質確保促進法」で、新築住宅の売買契約において、基礎や柱、梁などの住宅の構造耐力上主要な部分、および、屋根や壁などの雨水の浸入を防ぐ部分の欠陥については、物件の引き渡し日から10年間、売り主が瑕疵担保責任を負うことになり、補修などをする義務があります。

住宅品質確保促進法による建設住宅性能評価書が公布されているときは、指定住宅紛争処理機関（各都道府県の弁護士会）が利用できます。

問題の整理 ◀

第三者の専門家に相談 ◀

もしくは地方公共団体に相談 ◀

弁護士にも相談 ◀

損害賠償請求をする

minpo clip

民法クリップ

●瑕疵担保責任って何？

民法５７０条では、売買などの契約の目的物に欠陥があるときは、売り主や物を引き渡した人が負うべき責任を定めています。

これを「瑕疵担保責任」といいます。売り主にこの責任を追及できる期間を「瑕疵担保期間」といい、瑕疵を知ってから1年と定められています。

87
100

事例

中古マンションを買おうとしたら、以前住んでいた人の修繕積み立て金の滞納があった。わたしが払うもの!?

中古マンションの購入を検討していて、気に入った物件を見つけました。不動産会社に話を聞き、いい物件だったので購入することにしたのですが、いざ、契約をしようとしたら、前に住んでいた人が修繕積み立て金を滞納していることが発覚！　これは購入するわたしが払わないといけないの!?

中古マンションの売り主が修繕積み立て金や管理費、バルコニーなどの専用使用料を滞納している場合は、それを譲り受けた買い主が支払わなければなりません。買うほうとしては不本意な話なのですが、そうした債務は所有者ではなく、住戸に帰属するため、そうした滞納金があるかどうかという点も、マンションを購入する際のチェックポイントですね。

とくに、売り主がお金に困ってマンションを売り渡すという場合はよくあるケースです。これは、売買だけではなく相続や贈与の場合も、相続や贈与を受けた人が支払わなければなりません。

修繕積み立て金などの滞納の有無と金額は、売買契約を媒介する不動産会社

などの宅地建物取引業者が、契約前に確かめます。その内容は、重要事項説明書に明記されているか、業者から説明があります。

不動産会社によっては、この滞納金を中古マンションの売買代金から引いてくれたり、売り主が受け取った手付け金から支払いを済ませておくケースもありますので、もし、気に入った物件でどうしても買いたいと思ったら、ねばり強く交渉してみましょう。

また、契約をする際に、「滞納金は売り主の責任において処理をする」という特約をつけて、売買代金から売り主が支払うということにすることもできます。滞納金額を差し引くか、売り主が処理するかしなければ、売買契約は結ばないという強い姿勢を見せることが大切です。

minpo clip

民法クリップ

●売買契約後に滞納金が発覚することも！

中古マンションを買うとき、宅地建物取引主任者から提示された重要事項の説明書に、滞納金がないと書かれていても、いつ調査したことなのかを確認するようにしましょう。

あまりにも古いマンションだと、売買契約を結んだ後に滞納金が発覚することも考えられます。

88 / 100

事例

分譲マンションの建設途中で、建設会社が倒産！　今から契約の解除はできる？　お金は返還される？

ついに、マンションを購入することになりました。完成は約3ヵ月後です。ところが、施工を担当していた建設会社が倒産！　という新聞記事を発見。すぐに、販売元の営業マンに電話したのですが、ほかの建設会社が引き継ぐから大丈夫と言います。でも、品質が心配。契約を解除できるでしょうか。

分譲マンションの購入契約は、完成したマンションの購入契約ですから、売り主は施工を担当する建設会社が倒産しても、ほかの建設会社を探して、完成させて期日までに買い主に引き渡せばよいことになります。したがって、建設会社が変わったからといって、契約を解除する理由にはなりません。解除する場合は、手付け金を放棄することになります。

ただ、初めて購入するマンションで、建設会社が倒産したとなると心配になるのも当然です。マンションの品質、性能に不安があることを販売元に告げ、どのような建設会社に引き継ぐのか、施工中の写真やビデオを見せてほしいなどの申し入れをしてみましょう。こうした要望に応えてくれるか販売元の対応

をチェックすることも大切なことです。もし、そこで対応が悪ければ、信頼できないと判断して、契約の解除を検討することも考えられます。

また、倒産したのが販売元の会社であった場合は、住宅ローンが実行される前にすぐにローン契約を取り消しましょう。住宅ローンは一般的に、引き渡し時に実行されますから、その前であれば取り消しができます。ただし、問題なのは手付け金。販売元が「手付金等保全措置」を講じていれば、保証会社から全額返金されますが、そうでない場合は戻ってこないこともあります。施工会社や不動産会社などが「住宅性能保証制度」を適用していれば、倒産しても保険金で構造上重要な部分の修繕費用を80％からカバーしてもらえます。

問題の整理

- ▶販売元に確認する
- ▶建設会社に施工中の様子を聞く
- ▶解除する場合は手付け金を放棄
- ▶住宅性能保証制度を適用しているか確認

minpo clip

民法クリップ

●手付金等保全措置とは

分譲業者が破綻して物件の引き渡しが受けられない場合に、保証会社が手付け金を消費者に全額返金するしくみのことです。

●住宅性能保証制度とは

（財）住宅保証機構が運営する任意の保証制度。

独自の技術基準を定め、建築中に専門の検査員による現場審査を行い、住宅の引き渡し時には、登録業者より保証書が渡されます。保証期間中（引き渡しから10年間）であれば無料で補修してもらえます。

89/100 指定日以外にゴミを出したら、マナーが悪いと怒られた

素直に謝り、今後はゴミ出しの指定日、時間をきちんと守るようにしましょう。

一般の人でも指定以外の日や場所にゴミを出したりする違反レベルが高い場合には、「廃棄物処理法」で罰せられることもあります。

1日くらい早めにゴミを出しても別にいいじゃないと思う人もいますが、ゴミ捨て場の前の家の人や、周囲を掃除してくれる人が迷惑します。悪臭や汚れ、不潔感などに悩まされ、不法投棄を助長させる結果にもなりかねません。

ゴミ出しのルールは守るようにしましょう。

90/100 飼い犬と散歩中にうちの犬が近所の犬に噛まれた。犬の治療費は請求できる?

近所の犬があなたの飼い犬に傷を負わせた場合は、治療費や慰謝料などの損害を相手の犬の飼い主に請求することができます。

民法では、動物の飼い主は動物が他人に危害を与えないよう注意しなければなりません。そして、危害を与えた場合には、自分の無過失を立証しない限り、他人に与えた損害を賠償しなければならないと定めています。

したがって、噛みついて相手の犬にケガをさせてしまった犬の飼い主が、治療費などの損害を賠償しなければなりません。

91/100 分譲マンションの共有エレベーターでの事故は誰が責任を負うの？

　分譲マンションの住人すべての人が使用する共有エレベーターは、その管理にミスがあって発生した事故に関しては、エレベーターの管理を委託されている専門業者が責任を負うことになります。エレベーターそのものに欠陥があった場合は、製造メーカーが責任を負います。

　ただし、子どもがエレベーターで遊んでいて挟まれたなどというときは、エレベーターの安全性に問題があったかどうかはもちろんですが、子どもをエレベーターで遊ばせていた親の責任も追及されるでしょう。

92/100 夜になると、顔見知りのお年寄りが徘徊している。どうしたらいい？

　まず声をかけてみて、お年寄りになぜ夜遅くに出かけているのかたずねてみてください。それから、心配な状況であれば、すぐにご家族に知らせてあげましょう。もし連絡先がわからなければ、最寄りの交番に連絡してもいいでしょう。

　ここで注意したいのが、家まで送り届けることになった場合。くれぐれも事故がないよう気をつけてください。万が一、あなたがお年寄りにケガなどをさせてしまった場合は、法律上では、損害賠償請求をされる可能性も考えられます。できれば、ご家族の方に連絡して、迎えに来てもらうのが安心です。

93
100

事例

友達の飼い犬を預かって散歩をさせていたらケガをしてしまった！　治療費はどうなる？

友達が旅行に行くというので、2日間だけ飼い犬を預かることになりました。以前、犬を飼っていたことがあるので、犬の扱いには慣れていたのですが、散歩中、猫を脅かして、鼻をひっかかれてしまいました。あわてて動物病院で治療をしてもらったのですが、この治療費は私が負担するもの？

よほど、散歩が嬉しくてはしゃいでいたのでしょうか。猫にひっかかれてびっくりしたでしょうね。

友達のペットを預かるという行為は、民法上では「寄《き》託《たく》契約」にあたり、ペットホテルと同じような意味を持つのですが、有償で預かった場合と無償で預かった場合の法的責任が違います。

金銭を受け取って預かった場合には、善良な管理者の注意義務、つまり、預かる人の資質や能力とは無関係に高度な義務が求められるため、十分な注意をしていなかったためにケガをさせたなら、ケガについても責任を負わなければなりません。

無償で好意によって預かった場合には、自分の飼い犬に対するのと同じ注意をすればよいことになっています。散歩のときにリードをつけていなかったり、ケガをしたのに病院に連れて行かずに死なせてしまったり、虐待をしてケガをさせてしまった、などということでなければ、治療費はあなたが払う必要はありません。

ただ、初めからこの点をあまりに主張すると、お互い感情的になり、友達との信頼関係が崩れてしまうことがあります。まずは、「注意して見ていたのだけど、猫にひっかかれてしまって…。本当にごめんね」と謝りましょう。これは、ペットに限らず、隣人の子どもを好意で一時的に預かっていて、遊んでいる間にケガをしてしまったという場合も同様です。

minpo clip

民法クリップ

●預かった子どもをケガさせてしまったら

ペットもそうですが、隣人、知人の子を預かるときは、十分注意しましょう。大切なのは自分の子と同じようにそして何よりケガのないようしっかり管理すること。万が一、命にかかわる事故になってしまうと、それはあなたの管理が行き届いていたかどうかが問題になってしまいます。くれぐれも注意することです。

94 / 100

事例

3日前に買った猫が、肺炎にかかっていました。こんなことありえない!? ペットショップに責任を問える？

3日前に買ってきた猫が肺炎にかかっているようです。動物病院で診てもらったら、おそらくペットショップにいる間に感染したのでは、ということでした。そこで、ペットショップに苦情を言い、治療費を払ってほしいと伝えたのですが、それはできないと電話を切られてしまいました。

動物病院の医師に診断書を書いてもらって、交渉しましょう。

ペットは生き物ですが、法律上の売買契約では商品（つまり、健康なペット）と見なされます。販売店は欠陥（つまり、ケガや病気）のない商品を購入者に引き渡す義務があり、ペットショップで感染して肺炎にかかった猫であれば、欠陥のある商品を売ったことになり、責任を免れることはできません。

ペットショップには「瑕疵《かし》担保責任」があり、購入者がその瑕疵に気づいた時点から1年間は、瑕疵の程度に応じて、契約解除や治療費、修繕費、交換、損害賠償請求をすることができます。瑕疵担保責任は、たとえペットショップに過失がなくても負わなければならないもの。契約を解除して猫を返して購入

代金を返してもらうか、肺炎が完治するまで治療費を払ってもらうかなど、ペットショップとよく話し合いましょう。

まれに、犬や猫などのペットを購入すると、売買契約に「生き物につき、返品・交換等は一切できません」と書かれていることがあり、これを理由に瑕疵担保責任は負わないと主張する業者もいます。しかし、これは、「消費者契約法」第８条の「消費者の利益を不当に害する条項」に該当し、その条項は無効だと主張することができます。ただ、「購入より１ヵ月以内に病気が見つかった場合は交換に応じます」という条項は無効にはできません。瑕疵担保責任は１年以内ですが、このような制限条項があれば、１ヵ月以内に申し出なければならないので、ペットショップが病気とわかっていて売ったという場合は別にして、注意が必要です。

問題の整理

動物病院の医師に診断書を書いてもらう

◀

診断書や治療費の領収書などを持ってペットショップと交渉

◀

治療費や交換の請求をする

minpo clip

民法クリップ

●ペットに関する相談件数が増えています

近年、ペットに関する相談が増えています。「ペットショップで血統書付きの犬を購入したが、2年経っても血統書が届かない」「ペットホテルに猫を預けたが、扱いがひどく、ケガをしていた」など…。

トラブルが起きたときには、すぐに全国の消費生活センターに相談しましょう。

95
100

事例

マンションのコンロから火が出てキッチン周りが燃えた！大家さんから修理代を請求されているのだけど…。

先日、会社に遅刻しそうになっていたので急いで部屋から出て行く際、身体が電気コンロのつまみに当たってスイッチが入ってしまったようで、キッチン周辺を燃やしてしまいました。キッチンの前は狭くて、よくバッグや身体がぶつかってしまうのです。そうしたら、大家さんから損害賠償請求がきてしまいました。

賃貸住宅に住んでいて、自分のちょっとした不注意で火災を起こしてしまった場合は、原則として大家さんからの損害賠償請求は避けられないでしょう。「失火責任法」での不法行為による損害賠償請求は、故意や重大な過失による場合に限られますが、借家人の場合は、賃貸借契約で借り主は過失・故意などで傷つけないよう注意しなければいけない善管義務を負っています。

このため、契約上の債務不履行として、損害賠償請求をされる可能性があります。火災保険に入っていれば、保険で損害賠償金や、調停や示談交渉に要した費用をまかなうことになります。

確かに、ワンルームマンションは、キッチンの前がユニットバスだったりし

て、通路が狭く、コンロのつまみにバッグや身体が当たってしまうことがよくあります。とくに、押しただけでスイッチが入ってしまう電気コンロはキケンです。以前小形キッチンユニット用電気コンロからの出火が相次いだため、メーカーが無償でスイッチの操作が安全なタイプのものに交換・取り付けを行った例もあります。

また、このコンロをあらかじめ大家さんが設置していたという事情のときには、大家さんの安全・管理責任も指摘し、交渉してみましょう。出火しやすい備品をつけたことに問題があって、借家人の過失によるものではないときには、借家人は修理費用の負担はしなくてもよい可能性があります。

お互いの不注意があったとして話し合ってみましょう。

minpo clip

民法クリップ

●電気コンロからの出火事故が多発

電気コンロの事故原因の一つであるスイッチの形状には、身体や物があたったはずみに「入」になるものもあります。事故防止のため、国民生活センターでは電気コンロを安全に使うための注意をまとめています。ホームページから見ることができます。
http://www.kokusen.go.jp/

96/100 自宅のテレビから突然、出火！買ってから3年も経っているけどメーカーに責任を問える？

商品を普通に使用していたのに、商品に欠陥があって出火したり、爆発したりなどしてケガをしたり、周りのものが壊れるなどの損害が発生する事故を、欠陥商品事故といいます。この欠陥商品事故のために、商品自体が壊れただけでなく、マンションの壁や家具が燃えてしまったり、ケガをしたり、最悪の場合、死亡したりなどの被害をうけた場合は、「製造物責任法（PL法）」によって、メーカーに損害賠償を請求することができます。損害賠償請求の期限は、事故が起こってから3年、商品が出荷されてから10年間です。

97/100 割烹料亭で食べた刺身が原因で食中毒に！お店に責任を追及できる？

できます。以前、割烹料亭で調理したイシガキダイのアライやカブト焼きを食べて食中毒になった人が、割烹料亭の製造物責任を追及した裁判がありました。この裁判では、イシガキダイのアライやカブト焼きは、原材料であるイシガキダイに人の手を加え、新しい属性ないし価値を加えたものとし、法でいう「加工品」にあたるため、製造物に該当するとし、割烹料亭に製造物責任があると認めた判決が出され、話題になりました。食中毒になったら、病院へ行くことはもちろん、保健所にも連絡しましょう。

98/100

友達から中古の原付バイクを購入。中古の場合でも製造物責任はあるの？

中古品でも、それが製造物または加工された動産であれば、「製造物責任法」の対象になります。もともとメーカーから出荷されたときからあった欠陥が原因であれば、製造メーカーが責任を負うことになります。しかし、中古品の場合、前に所有していた人の使用方法などで欠陥品となり、後から購入した人のもとで事故が発生した場合は、メーカーは製造物責任を負う必要はありません。

欠陥を立証するのが難しいのですが、普通に使用し、定期的に点検や整備されていた原付バイクであれば、メーカーの責任が追及されます。

99/100

海外から輸入されたオリーブなどのビン詰を食べて病気になった場合、責任は誰が負うの？

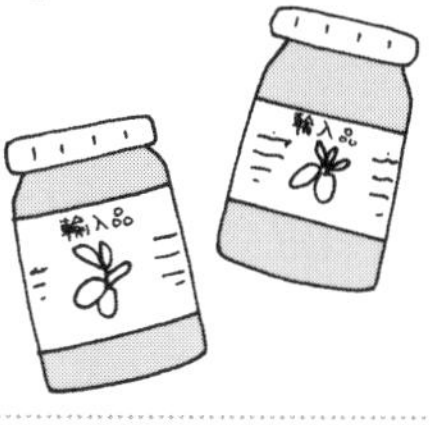

「製造物責任法」では、輸入業者は製造や加工には係わっていないものの、欠陥製造物を日本に持ち込むことで危険責任に係わることなどから、製造業者とみなし、製造物責任を負うとしています。よって、海外から輸入されたオリーブなどのビン詰を消費者が購入して食べ、それによって食中毒などを起こしたら、輸入業者に対して、製造物責任を追及することができます。

食品だけでなく、海外から輸入したおもちゃで子どもがケガをした場合なども同様です。輸入業者に製造物責任を問うことができます。

初めて購入する分譲マンション。失敗しない選び方のポイントは？

まず、いいなぁと思ったマンションの内覧会などに行き、パンフレット通りにできているか、細かく確認することです。新築マンションなどはモデルルームだけを見て決めてしまう人も多いですが、できれば、完成したマンションと周囲の環境をよく見ることが大切です。間取りやインテリアのイメージも、現物を見たほうがより具体的になるでしょう。

建物の内部は、床や壁、天井、台所周りのスペースなど、メジャーで寸法が図面と合っているかどうかを確認するくらい念入りに見たほうがいいでしょう。とくに、フローリングの床鳴りは階下の人にも迷惑がかかるので、しっかり直させる必要があります。チェックする方法は、少し強く床を踏み、ギシギシと音がするようなら要注意です。

また、今後、マンションの前に大きな建物ができて、日照不足になる可能性はないかなど、販売元に聞きましょう。数年後、目の前に大きな建物ができると知っていて黙っていた場合には、「消費者契約法」の「不利益事実の不告知」に該当し、契約を取り消すことができます。

困ったときの連絡先

女性のトラブルの相談窓口

◆東京ウィメンズプラザ

DV、セクシャル・ハラスメント、夫婦・親子の問題、生き方や職場の人間関係など、さまざまな悩み相談を受け付けています。

悩み相談　TEL:03-5467-2455　受付時間：9時～21時

法律相談　TEL:03-5467-2455　（予約制）休日は休み。

＊女性の弁護士が相談に応じます

http://www.tokyo-womens-plaza.metro.tokyo.jp/

◆日本女性法律家協会

TEL:03-3578-1981　受付時間：10時～17時

（相談予約は TEL:03-3265-8118　受付時間：10時～19時）

インターネットトラブルの相談窓口

◆都道府県警察本部のサイバー犯罪相談窓口一覧

http://www.npa.go.jp/cyber/soudan.htm

消費トラブルの相談窓口

◆法テラス（日本司法支援センター）

どこに相談すればいいかわからない、というときに専門オペレーターが相談先を教えてくれます。

TEL:0570-078-374　（ナビダイヤル）受付時間:平日9時～21時まで。土曜日は17時まで。

※ＰＨＰ・ＩＰ電話からは、TEL03-6745-5600へ。

◆国民生活センター

http://www.kokusen.go.jp/ncac_index.html

トップページ「暮らしの相談窓口」→「全国の消費生活センター」を開くと、都道府県の各消費生活センターの連絡先が掲載されています。

弁護士に相談したいとき

◆日本弁護士連合会

http://www.nichibenren.or.jp/

トップページ「法律相談・公設事務所ガイド」→
「法律相談窓口」→「法律相談センター」を開くと、
全国の弁護士会の連絡先が掲載されています。

著者　岩村明美（いわむら・あけみ）

1969年生まれ。ライター。女性誌を中心に執筆。おけいこ、資格、通信講座、美容、マナー、法律、お金、薬害など、幅広いテーマを持つ。消費生活アドバイザーとしても活動。著書に『女性暮らしのトラブルQ&A』『21歳からのマナーBOOK』（フィールドワイ）などがある。

監修　村千鶴子（むら・ちづこ）

1953年生まれ。76年に名古屋大学法学部卒業。78年より弁護士になる。東京経済大学現代法学部教授（消費者法）。日本弁護士連合会消費者問題対策委員会幹事、国民生活センター客員講師、同センター消費者判例評価委員会委員、千葉県消費者行政審議会委員などを務める。著書に『消費者はなぜだまされるのか　弁護士が見た悪質商法』（平凡社）、『Q&Aケースでわかる　市民のための消費者契約法』（中央経済社）など。

本文デザイン　谷口純平想像力工房

カバーデザイン　平山貴文

イラスト　坂木浩子

編集・制作　株式会社スリーシーズン（江刺家和子／岩波順子）

DTP　株式会社明昌堂

＊本書に記載されているデータ等は2007年3月現在のものです

おんなの民法100

2007年4月19日　初版第2刷発行

著　者　岩村明美

監　修　村千鶴子

発行者　阿部英雄

発行所　株式会社教育評論社

〒103-0001 東京都中央区日本橋小伝馬町2-5 FKビル

TEL.03-3664-5851　FAX.03-3664-5816

http://www.kyohyo.co.jp/

印刷製本　株式会社シナノ

ISBN 978-4-905706-15-1